国立国語研究所編

日本語の大疑問2

GS 幻冬舎新書

日本語の大疑問2／目次

第3章　文字にまつわるミステリー　101

イラスト　アキワシンヤ
図版・DTP　美創

本書は各項目ごとに表記統一を行ない、全体での統一をしていません。

また、同じ項目内であっても執筆者の意向により表記の使い分けがなされている場合があります。

第1章　若者ことば・話しことばのナゾ

「上から目線」の「目線」は昔からあることばですか

回答＝塩田雄大

もとは戦時中の映画業界用語

ことばとしては、わりと昔からあります。ですが、これが今と同じような意味で使われ始めたのは、また広く一般に使われるようになったのは、比較的最近のことみたいなんです。

まず、「目線・眼線」ということば自体は、明治になる前、幕末のころの資料にもすでに出てきています。しかしこれらは今とは意味が違うもので、現代の「目線」の直接の起源は、第二次大戦のころ、映画関係の人たちが仲間内で使っていたことばだそうです。

これに加えて、幾何学、これは数学の一種ですね、この幾何学関連の専門用語や、また近代の中国語でも、「目線・眼線」という言い方が使われていて、ここらへんとの関連・影響も考えられるとか。これは、この問題にものすごく詳しい、日本語学者の橋本行洋さんによる研究の成果です[*1]。

現代の「目線」ということばについて、国語辞典ではどのように説明しているのかを見てみましょう。実は、「目線」の意味は一つでなくて、いろいろあるのです。

①〔もと、演劇・テレビ用語〕目の向く方向。視線。「―が合う・―を外す・カメラ―〔=カメラのほうを向いた目〕」
②その立場からの見方。視点。「幼児の―で見る・国民の―に立った政治・―が低い〔=『庶民的』だ〕・―を落とす〔=庶民的な態度に近づける〕」↓：上から目線。
③目の高さ。「歩きタバコの火が子どもの―にある」
④〔報道などで〕顔写真の目をかくす太い線。「―を入れる」

（『三省堂国語辞典 第八版』２０２２年、三省堂）

この辞典では、今のこの説明になるまでに、「目線」ということばをこんな感じで扱ってきました。

初版（１９６０年）：「目線」の項目の掲載なし

二版（１９７４年）：「目線」が、①に相当する意味で掲載される
四版（１９９２年）：④に相当する意味が追加される
五版（２００１年）：②に相当する意味が追加される
七版（２０１４年）：③が追加される

つまりですね、時代的には、おおまかに①→②→③の順で意味・用法が加わる形で広がってきたんだと考えられるんです（④は少々異なるものなので、ここでは別扱いにしておきました）。③はかなり新しいものなので、ここでは①と②について簡単にお話ししましょう。

80年代には評判のよくないことばだった

まず①の意味の「目線」についてです。さきほど紹介したように、「目線」は最初は映画関係者の仲間内のことばだったのですが、その後一般の人たちにも広まり、１９７０年代には世間で普通に使われるようになっていたようです。たとえば、次のような歌謡曲の歌詞があります。

この街のアリス達 不思議な国の City City Girl
カタログ雑誌かかえては 目線キョロキョロ City City Girl
（「表参道軟派ストリート」作詞・阿木燿子、歌・水谷豊、１９７８年）

ああ ここにも さよならの切れはし
目線そむけ だけど 隠せないとまどい
（「あざやかな微笑《ほほえみ》」作詞・森雪之丞、歌・石川ひとみ、１９７９年）

この「目線」ということばは、当時よく使われてはいてもあまり評判がよくなかったようで、テレビの視聴者から放送局に１９８１年に寄せられた「最近、特に気になることばづかい（新語・流行語・誤用など）」の例の一つに、「目線」が挙げられているんです[*2]。また放送局の側では、部内への注意喚起として１９８３年に、〈最近、マスコミ用語の一般語化が目立っている。「電話を入れる」とか「本番」「目線」など、一般の人が聞いてオヤッと思うこともしばしばだが、放送番組の中で部内者がこの種のことばを不用意に使うのは好ましくない[*3]〉

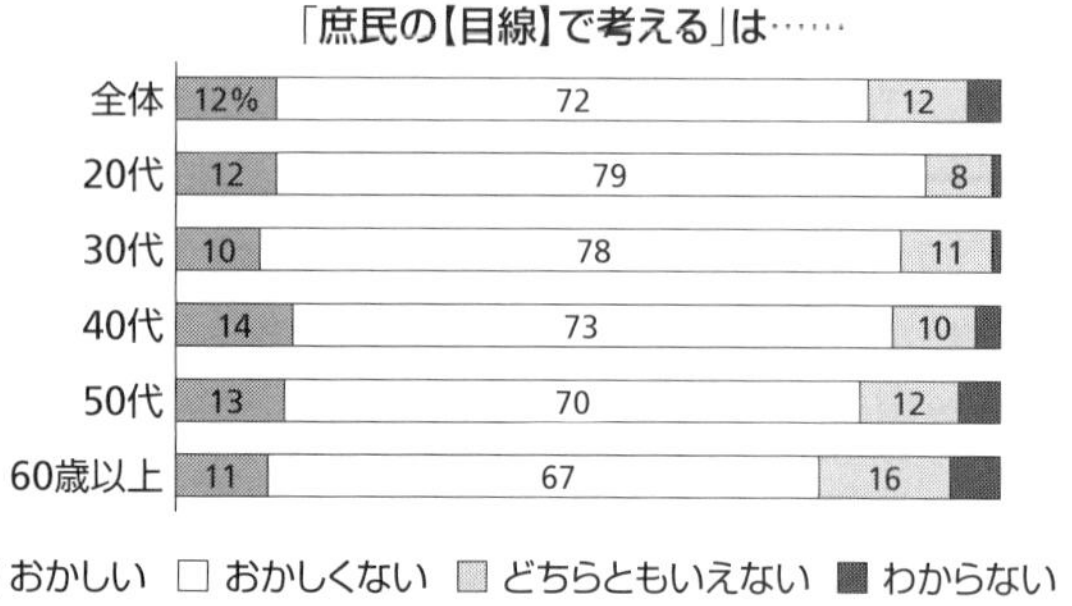

図●「目線」について（全体・年代別）
〔NHK放送文化研究所、2008年1月実施、調査員による個別面接聴取法、層化副次（二段）無作為抽出法、満20歳以上の男女（全国）2,000人対象、有効回答数（率）1,301人（65.1%）〕

というものがありました。

次に、②の意味の「目線」についての話です。１９８０年代なかばごろの雑誌に「民衆レベルの日韓新時代とは こだわりを超え、対等な目線で対話を」（『エコノミスト』62―44、１９８４年10月）というタイトルの記事があるのですが、このような用法が一般的になったのも、たぶんこの時期だと思います。

この②の用法、現代ではかなり定着しているようです。世論調査（２００８年実施〔ＮＨＫ放送文化研究所〕、１３０１人回答）で、「庶民の目線で考える」という言い方はおかしいかどうかを尋ねたところ、「おかしくない」という人が72％になりました。「おかしくない」と感じる人の割合は、年が若い人たちの間ではさらに高くなっています。*4

ちなみに、ご質問の「上から目線」は、辞書ではこんなふうに説明しています。

他人を見下すような、自分を上位に置いた尊大な態度。

（『広辞苑 第七版』２０１８年、岩波書店）

こういう態度をとったらだめだぞ、と辞書に教えられている気がします。

*1―橋本行洋（２００９）「「めせん（目線・眼線）」の成立と展開」『国語語彙史の研究 28』pp.223-243、和泉書院
*2―稲垣文男、石野博史（１９８１）「「放送のことば」にのぞむもの―鳥取の視聴者にきく―」『文研月報』31-4、pp.43-48、日本放送出版協会
*3―菊谷彰（１９８３）「放送のことば」『放送研究と調査』33-6、pp.60-62、日本放送出版協会
*4―塩田雄大、太田眞希恵、山下洋子（２００８）「『目線』『立ち上げる』も日常語に ～平成19年度「ことばのゆれ」全国調査から～」『放送研究と調査』58-6、pp.38-54、日本放送出版協会

新しい言葉ってどうやってできるのですか

回答＝泉　大輔

新しい言葉が生まれる3つの理由

新しい言葉といえば、「新語・流行語大賞」が毎年暮れの世間をにぎわせていますね。２０１９年は「タピる」（タピオカミルクティーを飲むという意味）、２０２１年は「親ガチャ」（親によってその後の人生が大きく左右されるにもかかわらず子どもは親を選べないという意味）といった新しい言葉（新語）が入賞しています。[*1] このような新語が生まれる背景には複数の要因があると考えられますが、ここでは３つ紹介します。

①社会的理由

新語の多くは、この社会的理由によって生まれています。これは新しい事物・概念が現れ、それを表す新しい語が必要になった場合に生まれる言葉です。例えば、今は当たり前のように使われている「スマートフォン（スマホ）」ですが、出始めた当初は聞きなれないもので、かくいう私も新しい言葉だと感じていました。

②心理的理由

既存の語を言い換えることで、印象を変えたいという心理的な理由によって生まれる新語があります。例えば、「美容室」の代わりに「（ヘア）サロン」、「美容師」の代わりに「（ヘア）スタイリスト」とも呼ばれるようになったのは、よりおしゃれな印象を与えるためではないでしょうか。

③言語的理由

言語的理由のよくある例としては、従来とは異なる使われ方が定着した場合が挙げられます。例えば、「姑息《こそく》」は「一時しのぎ」という意味ですが、昨今では「卑怯《ひきょう》」という意味で用いる人が多いようです。もとからあった言葉でも新しい意味で用いられるようになった場合は、広い意味での新語と考えられます。

「もふもふ」「ぴえん」は〝完全に新しい〟珍種

新語には、「既存の言葉を使って作られたもの」と「完全に新しい言葉として作られたもの」があります。

前者の「既存の言葉を使って作られたもの」の場合、様々な作られ方があります。最も多いのは、複数の言葉を組み合わせる方法です。冒頭で例に挙げた「タピる」という新語は、「タピオカミルクティー」の一部である「タピ」と、名詞を動詞化する「る」（例：メモる、事故る）を組み合わせて作られています。また、「親ガチャ」という新語も、「親」と「ガチャ」（ソーシャルゲームなどでランダムにアイテムを取得するシステム）を組み合わせて作られています。

一方、後者の「完全に新しい言葉として作られたもの」というのはほとんどないと言われています。「もふもふ」「ぴえん」といった新しいオノマトペがこの数少ない例に該当します。

新語は社会の中で広く用いられるようになったものに限りません。実は日々の生活の中でみなさん自身によって作られ、そして消えていく新語もたくさんあります。個人が新語を作る動機の一つには、「ちょうどいい言葉が思いつかないけど、なんとかして相手に伝えたい」というものがあります。例えば、「前から歩いてくる人にぶつからないように左右に避けようとしたところ、相手も同じ方向に動いてぶつかりそうになった」という経験はありませんか。みなさんだったら、この状況をどのような言葉で相手に簡潔に伝えますか。

このような状況をどう名づけるか実験した研究[*2]があります。実験に参加した方は、「譲り合い現象」「相互回避現象」「ミラーリング現象」などのように名づけていました。どれもこの状況の特徴をよく表す言葉（譲り合い、相互回避、ミラーリング）が用いられており、これらの新語を聞いた相手もイメージしやすいのではないでしょうか。

「早く帰りたいオーラ」と「おいてけぼり」の共通点とは

このように、複数の言葉を組み合わせて新語が作られる場合、「譲り合い＋現象」「相互＋回避＋現象」のような、「名詞」と「名詞」の組み合わせがよく見られます。しかし、前記の研究によれば、「ぶつかっちゃうよ現象」「道譲り合っちゃったよ現象」「気が合うね現象」「どうも、ごめんなさいね現象」「お前もか現象」などの回答もあったそうです。

これらの新語は、「セリフ調の言葉」を取り入れるという方法で作られています。同様の新語の例は、「振り込め詐欺」「早く帰りたいオーラ」「幻のポケモンをもらおうキャンペーン」「頑張ってますアピール」など、数多く見られます。「譲り合い現象」と比べると、「道譲り合っちゃったよ現象」のほうが、その場の状況やその人の心情がより具体的に描写されているのではないでしょうか。相手に自分のイメージがより伝わりやすくなるということも、このタイプの新語が広く用いられる一因となっているのかもしれません。

セリフ調の言葉を取り入れた新語はかなり目新しく感じられますが、実はこのタイプは大昔から存在していました。江戸時代頃の例としては、「おいてけぼり」（置き去りにすることという意味）の由来となった「置いてけ堀」という池が挙げられます。

「置いてけ堀」は江戸本所七不思議という伝承の一つでもあり、この池で魚を釣ると、水中から「置いてけ、置いてけ」と呼ぶ声が魚を返すまで聞こえたそうです。「置いてけ堀」という名前は、この幽霊（？）の声を取り入れて作られたのでしょう。

さらに遡ると、平安時代末期に成立したとされる『今昔物語集』にも「内にも御覧ぜさせよ顔《がは》」という言葉があり[*3]、「内にもご覧ぜさせよ」（帝へご覧に入れなさい）というセリフ調の言葉が取り入れられています。

現代でも「やったぜ顔」「もういいや顔」などのセリフ調の言葉を取り入れた新語が見られます。目新しさを感じる新語であっても、その作られ方自体が〝新しい〟わけではないのです。また、英語でも「I don’t know face」といったセリフ調の言葉を含む新語があり、日本語と英語に意外な共通点が見られるのも興味深いですね。

　新語は人によっては違和感があり、言葉の乱れという見方もあります。ですが、大昔に新しく生まれ、当時は物珍しさがあったはずの言葉が、現代では何の変哲もない普通の言葉として使われているものも少なくありません。

　みなさんが新しく作った言葉が、ＳＮＳなどで拡散され、数年後には辞書に掲載され、１００年後にはごく普通の言葉として使われているかもしれません。「新語が作られるということ」は、言語が長い年月をかけて変化していく最初のきっかけとも言えるでしょう。そして、みなさん一人ひとりが言葉の歴史を紡ぐ立役者であると教えてくれるのが、この「新語が作られる現象」なのです。

＊1―自由国民社『「現代用語の基礎知識」選 ユーキャン新語・流行語大賞』(https://www.jiyu.co.jp/singo/)

＊2―黒﨑貴史（２０１８）「熟議を利用した新語形成プロセスに関する研究」山口大学大学院東アジア研究科博士論文

＊3―泉大輔（２０２４予定）『現代日本語の逸脱的な造語法「文の包摂」の研究』ひつじ書房

ファッション誌はなぜ新しいカタカナ語を次々に生み出すのですか

回答＝加藤 祥

アイコニックなカナージュステッチのキルティングベスト!?

ファッション雑誌は、流行に対応した迅速な購買を促進するため、常に新しい情報を提供するものです。よって、アイテムや情報などの様々な新しさを表現することを目的とした言語現象がたびたび観察されます。

例を見てみましょう。

（1）定番のトレンチはアイコニックなカナージュステッチのキルティングベストを重ねて
（2）無骨なブーツでアヴァンギャルドなスパイスをプラス
（3）タイトなシャツとパンツに対しオーバーサイズのポンチョをラフに纏ったバランス

が素敵

（以上、『InRed』「The FASHION PICK」２０２２年9月26日）

（1）～（3）は、いずれもカタカナ語の使用が目立ちます。篠崎[1]は、流行語の発生条件として「新奇さ」を挙げ、「われわれは、マンネリズムを嫌い、既存のものに飽きると目新しいものを求めていく。ことばの面においては、カタカナ語の使用によってその欲求を満たすということも一つの手段である」としています。新しさの表現として、カタカナ語が多く用いられる傾向があることは確かです。

さらに、あまり見かけない専門用語が使用されていることもわかります。たとえば（1）の「カナージュステッチ」は正方形とひし形が交差したような格子柄のことです。他にも特徴が見つかるでしょうか。

女性向けファッション雑誌の3年分の調査[2]では、新しさを表す表現が主に大きく3種類確認されていました。

まず、１つ目は、対象物の名称を新しいものとして表現する例です。「ボーイフレンドデニム」（２００６～7年頃初出）、「マカロンカラー」（２０１０年初出）のような新しい複合語の例が見られています。対象物そのものや、複合語を構成するＡ・Ｂはとりたてて新しいものではないものの、複合した「ＡＢ」の形が新しいという例です。

既存の対象物を新しく言い換えようとしている場合が多く、その表現を目にした読者がどのようなものを示しているか特定可能でありながら、しかし新たに登場したものらしく名づけることで、一転した印象を生み出す表現方法といえそうです。

古い表現や常用外漢字が「逆に新しい」場合も

２つ目は、対象物に関する表現を見慣れないものとすることで、新しさを表そうとする例です。よく使われる語（新しさが失われた語）を外国語などのあまり使われない語に言い換えます。

外来語として定着しよく使われている「リッチ」を「ラグジュアリー」「リュクス」などの使われにくい語に言い換えるような例が多く見られます。先の（1）でも、「象徴的」「シンボリック」などとは言わずに「アイコニック」を用いていました。しかし、あまり使わない語へ言い換えられていると、完全には意味が伝わらない可能性があります。

そこで、（1）の「アイコニックな」、（2）の「アヴァンギャルドな」のように修飾語

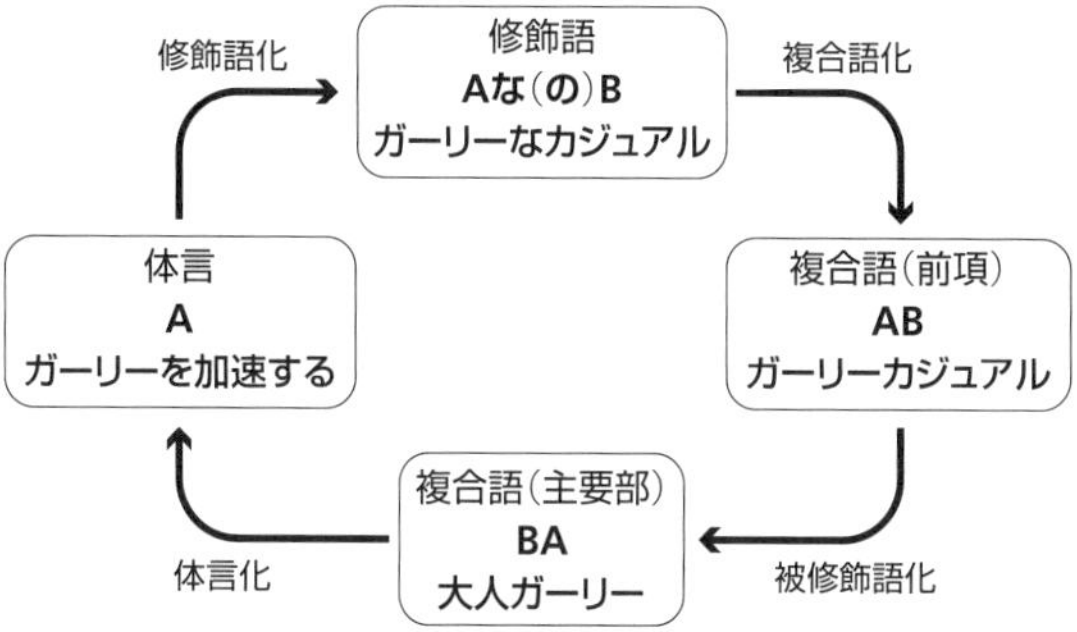

図● 女性向けファッション雑誌に見る<新しさ>のための表現循環

として用いられることになります。修飾語として使用すれば、正確な意味が伝わりにくかったとしても（例：「シアーなアーバンバカンススタイル」「アグレッシブなトレンチ」など）、修飾されている対象物を写真画像などで確認することが可能ですし、語感としての新しさが伝わります。

なお、修飾語として導入されやすい新しい表現も、修飾語としての「AなB」（例：「ガーリー《A》なカジュアル《B》」）の形が定着し、新しさが失われてくることがあります。

そうすると、複合語「AB」（例：「ガーリー《A》カジュアル《B》」）も使われやすくなり、さらには「BA」（例：「大人《B》ガーリー《A》」）のような複合語や、単独の「A」（例：「ガーリー《A》を加速する」）として用いられるまでに定着することもあります。

このように、新しかった表現が十分に定着して一般的な表現となると、新しさが失われたがゆえに用いられにくくなっていた修飾語の用法が再度現れることがあります。一周回って目新しい用法としての修飾語（例：「マリン[A]なリボン[B]」〈２０１０年〉）で現れることがあるのです。

また、３つ目として、対象物やその説明に他分野の用語や表現を借用したり、異表記を混入したりすることによって新しく見せる例も見られます。

たとえば、「甘辛ミックスで奏でる」（２００８年）の「奏でる」という表現や、「隠し味を注入」（２０１１年）の「隠し味」「注入」などの表現は、他の分野の表現を借りています。２００５年までの用例が確認できる『現代日本語書き言葉均衡コーパス』において、ファッション雑誌の用例としてこれらを取得することはできませんでした。

「イットルック」（１９２０年代の流行語「イット（性的魅力）」）や「リアルクローズ」（１９７０年代の用語で、日常生活で着られるような衣服）などの古い表現、「裸色」「熱帯色」のような漢語をまぜたり、「ＬＯＶＥバッグ」「スカーフで華やぎをＩＮ」のようなアルファベットまじり表記、「キレイ色」「コーデのハズシ」（２００８年）のような和語や漢語のカタカナ表記を用いたりする例もあります。

（3）では、「ポンチョをラフに纏ったバランス」とカタカナ語の中に常用漢字ではない「纏う」が用いられていました。常用外の漢字表記によって表現に新しい印象が加わっているのではないでしょうか。

＊1―篠崎晃一（1997）「流行語の発生と伝播」『國文學 解釈と教材の研究』42（14）、pp.52-56、學燈社

＊2―保田祥、岡本雅史、荒牧英治（2012）「〈新しさ〉のために循環する表現―女性向けファッション雑誌『InRed』を材料に―」『社会言語科学会第29回発表論文集』pp.134-137、社会言語科学会

＊「倉科カナがディオールの最新コレクションに身を包む！トレンチコーデからマリン風ルックまで」『InRed』宝島社、2022.09.26（https://fashionbox.tkj.jp/archives/169518）

＊『InRed』（宝島社）の2008年11月号から2011年8月号までの3か月毎12冊（広告と連載小説等の編集部外記事を除く）

「1ミリも興味がない」のような言い方は最近の流行りでしょうか

回答＝櫛橋比早子

実質的意味が失われた表現

「1ミリも〜ない」は「ない」を強調するときに使われる表現です。「1ミリ」の長さや量を表すものではありません。

みなさんは「ない」ことを強調するときにどのような表現を使いますか。「少しも」「全然」「絶対」などのことばとセットにして、「ない」を強く表現することがありますよね。「1ミリも〜ない」も否定を強調するときの表現で、話しことばを中心に使われています。否定の中でも少しや一部（の否定）ではなく、すべてを否定するものです。

「私のことなんてどうでもいいんでしょ」とか、「私に1ミリも興味ないよね」などと言い出す。

（黒川伊保子編著『妻のトリセツ』講談社＋α新書）

> 「こんなモンでは俺の心かて1ミリも動かんわ！」
>
> （天王寺大・郷力也『ミナミの帝王』134巻、日本文芸社）

これらの例にあるように、まったく興味がない、心が動かないときに「1ミリも〜ない」と表現します。

大人気アニメ『名探偵コナン』（読売テレビ・日本テレビ系）第675・676話（2012年）のタイトルは「1ミリも許さない（前編／後編）」でした。夫婦喧嘩での正当防衛を装って、夫が妻を刺すという事件です。[*1] どのような理由があっても許されない行為ですね。タイトルで使われるくらい周知されるようになった表現であるといえます。

強調することばだということはわかりましたが、「1ミリ」は意味があって使われているのでしょうか。新聞の例をご覧ください。

> 同庁の観測では、群馬県の水源地付近では、4日以降、雨量は1ミリも記録されていない。
>
> （朝日新聞1990年8月6日夕刊）

雨量を実質的に測っている例です。ただし、ここでは1ミリには満たないけれども1ミリ未満では記録された可能性も否定できません。「実質的な長さや量の意味」「全否定をする意味」のどちらにも解釈できる例です。「1ミリも〜ない」は、元は測量を伴う「1ミリ」の実質的な意味を持っていましたが、このようなどちらにも解釈できる例を経て、実質的な意味が失われ、副詞として使われていきます。

立場や意志を強く表明する場面で使われる

読売新聞、朝日新聞の例を調べてみると、「1ミリも〜ない」の「〜」に入るのは動詞です。最も多くみられたのは「動く」です。

体重をかけて再度ドアノブを回した。1ミリも動かず、きしむ音さえしなかった。
（朝日新聞２００７年９月２日朝刊）

首相の意を受けた保岡興治本部長（当時）の「9条の政府解釈を1ミリも動かさないで自衛隊を明確に位置付ける」との方針に異を唱えたのが石破茂・元防衛相だった。
（朝日新聞２０１８年３月27日朝刊）

ドアが動かないことを表した例は、ドアが1ミリ未満で動いたことを表現しようとしたとは考えられず、1ミリの実質的意味は失われています。

この例は物理的に動かせるものを対象としていますが、2つ目の例にある憲法の解釈は物理的なものではありません。「1ミリも動かさないで」とあるのは「変更しない」ことを意味すると考えられますね。使える範囲が広がっています。

「1ミリも〜ない」が多くみられるのは、立場や意志を強く表明する場面です。政治家は政策や方針、諸外国との交渉の中で国益や立場、状況などを強調するときに使用しています。「動く」のほか「譲る」「進む」「変わる」「ぶれる」などもよく使われます。

少し時間をおいて、動詞を使わない表現が現れました。次の例はプロゴルファー（当時）の宮里藍さんの発言です。

宮里は「（感傷的になる）そんな思いは1ミリもない。（略）」と言い切った。

（読売新聞2017年6月9日朝刊）

この年で引退することを表明してから初となる試合の前の発言で、宮里さんの強い意気込みを感じます。この例は動詞を介在させずに使っています。動詞を使わない場合は、例に挙げた「思い」のほか「余裕」「悔しさ」「不安」などいずれも気持ちを強く表すときに使われています。

かつては「1センチも」の時代もあった

国会の本会議・委員会の会議録である『国会会議録』にみられる「1ミリも〜ない」の初出例を確認してみましょう（『国会会議録検索システム』により検索）。

国道が一ミリも通っておらぬ、鉄道が一センチも通っておらない、（略）。

（大谷武嘉、1969年7月23日）

「一ミリ」が長さの意味も持ちつつ、「まったく通っていない」という意味の全否定で使われています。ここで気になるのは、後半で「一センチも〜ない」という表現がみられることです。どうやら「1ミリも」の前に「1センチも」の表現が存在していたようです。

『国会会議録』の「1センチも」の初出例はさらにさかのぼります。

　自動車の大きさを規制しております制限はただの一センチも運輸省としては変えていないのでございます。（梶本保邦、1960年4月15日）

「1センチも」「1ミリも」は、ともに「ない」を強調する表現として使われていましたが、1990年代以降は「1ミリも」が優勢になり、「1センチも」は廃れていきます。

一方、近年は「1ミリも〜ない」よりもさらに「ない」ことを強調しようとする表現が出現しています。

　疑惑解明に向けた追加の説明とは言えず、「1ミリどころか0・1ミリも進んでいない。（略）」（蓮舫氏）などと野党の神経を逆なでした。（読売新聞2018年3月9日朝刊）

　甘利氏は18日、記者団に「（1億5000万円の支出には）1ミリも関与していない。1ミクロンもかかわっていない。（略）」と語った。（読売新聞2021年5月19日朝刊）

「0・1ミリも」は参議院議員の蓮舫氏、「1ミクロンも」は衆議院議員の甘利明氏の発言です。これらの表現が定着するかどうかは予想できませんが、範囲を狭くすることによってより強く表現しようとしていることが窺えます。

否定を強調する表現「1ミリも～ない」は、話しことばを中心に使用されています。用例として挙げた新聞も『国会会議録』も大半は誰かの発言を写しとっているものです。2000年代以降使用が増え、近年は世代問わず流行っていますが、実は50年以上も前から使われている表現なのです。

*1―『名探偵コナン』事件ファイル（読売テレビ・日本テレビ系）
(https://www.ytv.co.jp/conan/archive/k1169653.html　2012年11月10日放送分)
(https://www.ytv.co.jp/conan/archive/k1169654.html　2012年11月17日放送分)

*柳橋比早子（2022）「否定程度副詞の成立―「1ミリも～ない」を事例として―」『論究日本近代語　第2集』勉誠出版
*窪薗晴夫（2002）『新語はこうして作られる』岩波書店

早口言葉はなぜ言いにくいのでしょうか

回答＝川端良子

口の中に動かしやすい部位とそうでない部位がありそう

早口言葉を辞書で引くと「言いにくい文句をすばやく言うこと」と書かれています（『デイリーコンサイス国語辞典』）。なぜ特定の文句は言いにくいのでしょうか。

早口言葉の例から考えてみたいと思います。

1　東京特許許可局（とうきょうとっきょきょかきょく）
2　バスガス爆発（ばすがすばくはつ）
3　貨客船万景峰号（かきゃくせんまんぎょんぼんごう）
4　老若男女（ろうにゃくなんにょ）
5　手術中（しゅじゅつちゅう）

6　あぶりカルビ（あぶりかるび）

7　神アニメ（かみあにめ）

なんとなく共通点があるような気がしませんか。

早口言葉を集めた本に出て来る言葉と、新聞の社説（3日分）で使用されていた言葉を比較すると、早口言葉には、拗音《ようおん》（「きゃ・きゅ・きょ」等）や「マ行」「パ行」「バ行」の音が含まれていることが多いそうです。[*1]

　これらの音を発するとき、口のどの辺りを使っているか意識してみると、口の前の方を使っていることに気づかれると思います。私たちはそれぞれの音声を発する際、唇や歯や舌を使って空気の流れを阻害することで音を生成しています。この空気の流れを阻害する口の中の位置のことを、調音点といいます。

「きゃ」と発音するときには、「き」と発音するときより舌が口の前の方に移動すると思います。「カ行」を発音するときの調音点は口蓋の後ろの方（軟口蓋）ですが、「きゃ・きゅ・きょ」を発音するときには、舌が口蓋の前の方（硬口蓋）に近づきます。「マ行」「パ行」「バ行」の調音点は唇です。[*2]

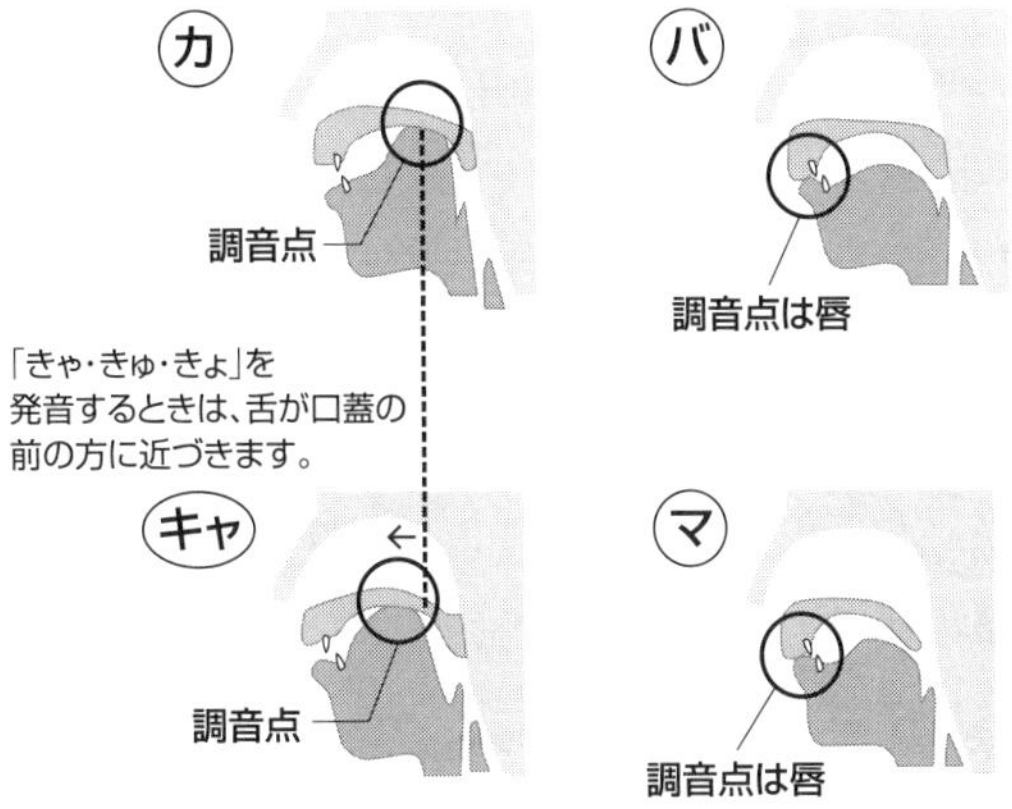

図●発音時の断面図

ここで、楽器を演奏するときのことを例に挙げて調音について考えてみたいと思います。管楽器を演奏するときには、タンギングといって、［t］や［k］の発音と同じ舌の動きを使う技法があるそうです。ゆっくりのリズムのときにはttt…（シングルタンギング）と舌を動かし、速いリズムを取るときにはtktk…（ダブルタンギング）と発音するように舌を動かすそうです。

これを、早口言葉で使用されやすい音［b］や［p］でやってみると、どうでしょうか。速いリズムで連続して発するのが難しく感じられるのではないかと思います。音を発するときに、すばやく動かしやすい部位とそうでない部位というのがありそうです。つ

●タンギング　●早口言葉で使用されやすい音

速いリズムでも音を出しやすい　速いリズムでは音を出しにくい

まり、早口言葉が言いにくい原因の一つは、すばやく発しにくい音が含まれていることが考えられます。

言い間違いが引き起こされるパターンとは

早口言葉のもう一つの共通点は、似たような音の繰り返しが含まれているという点です。特に例の6、7番は拗音を含んでいないにもかかわらず、非常に言いにくいように感じます。

この2例は、調音が難しいというよりは、似た音にひきずられて違う発音をしてしまうこと（「あぶりかぶり」「かにあにめ」「かみあみめ」など）が起こりやすいと思います。

私たちは発話をするときに、言いたいことを伝える表現を選び、それを実際に発音できるよう身体を調整する等のさまざまな処理を短時間で行なっています。

ゆっくり時間をかければ、間違いはほとんど起きないのですが、適切なタイミングに多くの情報を伝えようとすると、言い間違いが起こりやすくなります。こうした間違いは、私たちが発話をするときに内部でどのような処理を行なっているか、その途中段階を知るための貴重なデータといえます。

言い間違いの研究[*3]によると、言い間違いは無秩序に起こるのではなく、規則的に起こるそうです。その一つに「母音は母音と、子音は子音と入れ替わる」という規則があります。そして入れ替えは特に、共通母音もしくは共通子音をもった拍の間で起こるそうです。拍とは、日本語を発音するときの長さの単位で、私たちが一つの仮名（あ／い／う／え／お／か／き／く／け／こ／…／きゃ／きゅ／きょ／…）を発音するときの長さが1拍です。

6と7の例を音素にして拍ごとに見てみると、近隣の拍の間に共通の母音と子音が含まれていることがわかります（次ページ）。

つまり、これらは言い間違いを生じさせやすい構成をしているといえます。

以上をまとめますと、早口言葉が言いにくい理由として、早口言葉に含まれる音の調音

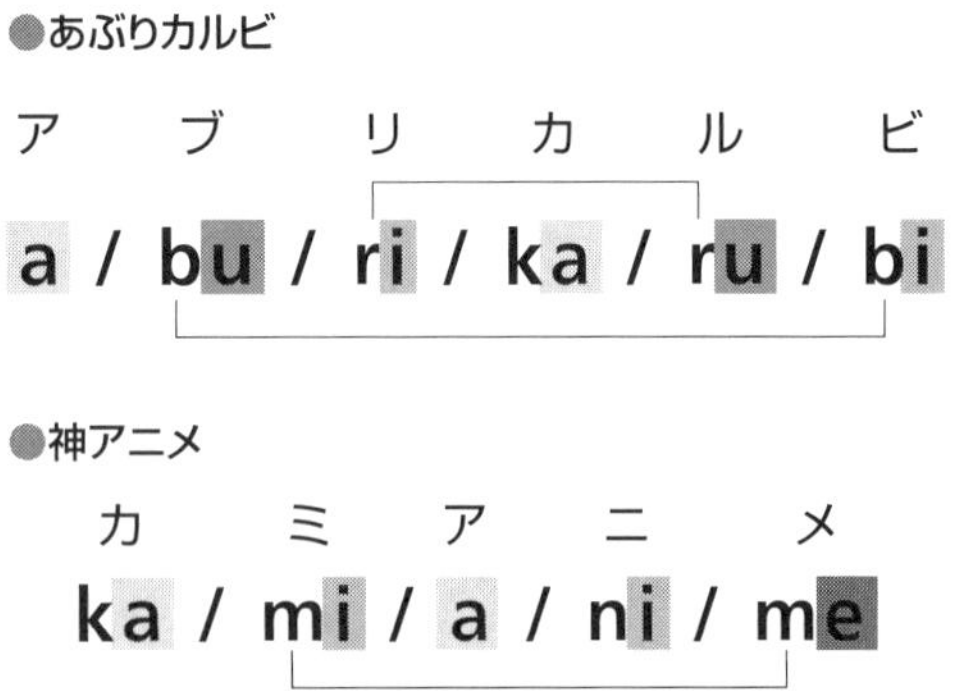

の難しさと、母音や子音が共通する音を繰り返すことによる言い間違えやすさがあるといえそうです。

＊1―鈴木誠史、臼杵秀範、島村徹也（１９９５）「日本語早口言葉の構造と性質」『放送教育開発センター研究紀要 第12号』pp.131-149、文部省大学共同利用機関放送教育開発センター

＊2―窪薗晴夫（１９９８）『音声学・音韻論』くろしお出版

＊3―寺尾康（２００２）『言い間違いはどうして起こる？』岩波書店

＊国立国語研究所学術情報リポジトリ「日本語の母音、子音、音節：調音運動の実験音声学的研究」（https://doi.org/10.15084/00001212）

「旨い旨い」「偉い偉い」と、同じ言葉をわざわざ繰り返すのはどうしてですか

回答＝大江元貴

強調説では答えとして物足りない

私たちは会話の中で（1）のように同じ言葉を繰り返して言うことがあります。

（1）①A：この店のお刺身旨いよね。　B：うん、旨い旨い。
②［転んで泣かなかった子供を褒めて］泣かなかったね、偉い偉い。

（1）は（2）のように繰り返さずに言うことも可能です。

（2）①A：この店のお刺身旨いよね。　B：うん、旨い。
②［転んで泣かなかった子供を褒めて］泣かなかったね、偉い。

なぜ（2）のように言えるところをわざわざ（1）のように繰り返すのでしょうか？

この疑問に対しては、旨さの程度や偉いと褒める気持ちが（2）より（1）の方が強くなる、つまり、強調のために繰り返しているといった説明が思い浮かぶかもしれません。このような「強調」説は、直感的にわかりやすいですし、繰り返しの特徴の一面は捉えていると思うのですが、次に示すような事例を理解するには物足りないところがあります。

例えば、（3）のように繰り返さない形では少し不自然な場合でも繰り返しにすると自然になることがあります。

（3）A：6畳の部屋って結構広いよな。　B：いやいや、{(?)狭い／狭い狭い}。

繰り返さない形で表される内容や気持ちが繰り返しによってさらに強まるということであればわかるのですが、そもそも繰り返さない形が使いにくいのに繰り返すと自然になるのはなぜか、という疑問に強調説は答えてくれません。

また、逆に（4）のように繰り返さない形は自然なのに繰り返しの形にすると不自然になることもあります。

（4）今から生きる上でとっても重要なことを言うよ？　それは適度に妥協すること、これ、｛大事／(?)大事大事｝。

（4）は自説を強く主張するような文脈であり、実際「とっても大事」「ほんと大事」のように強める言い方はできるので、「大事大事」が不自然な理由を強調という観点から説明することは難しそうです。

積極的に会話しようとするときに出現する

このように、「どのようなときに同じ言葉を繰り返すのか？」という疑問に答えるためには、繰り返しが自然に使われている例を見るだけでなく、「繰り返しが不自然になるのはどういうときか？」「繰り返さない形と比べてどうか？」という視点もとりいれて考える必要があります。

繰り返しの自然さは、繰り返す語の長さや品詞、会話相手がいるかいないかなどの条件によって変わってきますが、ここでは会話において「旨い」「偉い」「大事」など形容（動）詞を繰り返す場合に話を絞り、話者が会話に参加する態度が繰り返しの自然さに関わっていることを示したいと思います。

結論を先に述べると、会話における形容（動）詞の繰り返しは、「話者が相手の言動に即応して能動的に自らの気持ちや意見を表明する」という、会話相手とのインタラクション（「AがBに向けて発話する、それに応じてBがAに発話を返す、さらにそれを受けてAがBに……」という会話参加者同士の働きかけあい）が顕著な発話に現れます。[*1]

先に挙げた（1）の①では、Aさんの「旨いよね。」という同意を求める発話がまずあり、それにBさんが「旨い旨い。」と返すことでAさんに同調する気持ちを能動的に示していますし、（1）の②では、子供の健気な様子を見た話者が「偉い偉い。」と繰り返しながらその子供のふるまいを進んで評価しています。（2）のように繰り返さない形でも会話は成立しますが、繰り返しの形にすることで会話というインタラクションに積極的に関わろうとする話者の態度が示されることになります。

それに対して、（4）のように話者が一方的に話している場合や、次の（5）のように相手の事情説明に対して興味なげに相槌を打つような発話などでは繰り返しはあまり自然にはなりません。（4）は相手の言動を受け止めるという側面、（5）は能動的に自らの気持ちや意見を表明するという側面が弱いためです。

（5）A：私の部屋6畳しかないんだ。　B：?へー、狭い狭い。

面白いのは、話者の態度によっては（5）も自然になることです。例えば、Aさんが部屋の狭さ自慢を事あるごとにする人物で、同じような話を何度も聞かされていたBさんが耐えかねて、「君のその話にはもううんざりだ」という態度をAさんにありありと示すときです。「へー」を思いきり低く発話した後、1つ目の「狭い」、2つ目の「狭い」を徐々に高くしていくようなイントネーション[*2]で再現してみてください。この場合、相手に対するネガティブな態度をむしろ能動的に示す発話になるので、繰り返しも自然になります。

なお、（3）で繰り返さない形（同意求めに対する反論としての「いやいや、狭い。」）がやや不自然なのは、（3）が、自らの見解を示すことで相手に認識の捉え直しを迫るという、（1）よりさらに一歩踏み込んだ発話（いわゆる〝ツッコミ〟）になっていることが関わっています。日本語では捉え直しを迫るような相手への強い働きかけを行う発話には多くの場合「よ」「って」「から」などの終助詞が必要になり、終助詞がないと話者の認識を伝えるだけの発話になってしまうのです。

（3′）A：6畳の部屋って結構広いよな。　B：いやいや、狭い｛よ／って／から｝。

繰り返さない形が終助詞なしでは不自然なのに繰り返しの形だと自然になるということからも、繰り返しが単なる強調ではなく、会話に積極的に関わる話者の態度と結びついていることがわかります。

以上のように、仔細に観察してみると、同じ言葉を繰り返して発話するという勢いに任せて行っているように見える言語行動にも一定の法則性、すなわち文法を見出すことができます。さらに、その文法は話者が会話にどのような態度で臨んでいるかというコミュニケーションのありようと深く関わっているのです。

＊1―大江元貴（2019）「形容詞基本形反復文の談話的・統語的特徴」『日本語の研究』15（2）、日本語学会
＊2―定延利之（2005）『ささやく恋人、りきむレポーター―口の中の文化』岩波書店

「家事」と「火事」の発音を区別する地方があるって本当ですか

回答＝前川喜久雄

「音声」と「音韻」を分けて考えてみる

現在では標準語化の影響で次第に消えつつありますが、もともと日本語方言の音声にはずいぶんとバラエティがありました。

例えば、共通語の「セ」「ゼ」を「シェ」「ジェ」と発音する方言、単語の中の濁音が「ンダ」「ンバ」のように鼻にかかる方言、「キ」が「チ」と発音される方言、母音が基本的には「ア、イ、ウ」の3種類だけの方言など様々です。また、撥音《はつおん》（ン）や促音《そくおん》（ッ）の長さが短くて、ほかの音と同じ長さには感じられない方言などもあります。

方言音声の問題を考える際に大切なことは音声と音韻を分けて考えることです。音声とは耳に聞こえる実際の発音のことを言い、音韻とは話し手と聴き手の頭の中にある発音の区別の体系のことを言います。

例えば出雲地方の方言では、単語の最初の「エ」は、共通語の「イ」に近い音になります。その結果、「駅」と「息」がとても似た発音になりますが、出雲方言の話し手はこの二つの単語の発音をはっきり区別しています。ほかの地域の人には同じ発音をしているように聞こえても、出雲地方の人には「駅」と「息」は別の発音に聞こえているのです。「イ」と「エ」が区別されているという点では共通語と違いはありません。

この場合、出雲方言の「エ」は音声としては共通語と異なっていますが、音韻としては共通語と同じです。これと同じ特徴は東北の諸方言にも認められます。

一方、出雲方言や東北の諸方言の伝統的な発音では「シ」と「ス」、「チ」と「ツ」、「ジ」と「ズ」の間に音韻の区別がありませんでした。これらの方言では「染み」と「墨」、「父」と「土」、「家事」と「数」などは、いずれも同音異義語です。音韻の体系が共通語とは異なっているのです。

この場合、方言の話し手は共通語における「シ」と「ス」などを聞き分けることが難しくなります。これは日本人全般が英語のアール（r）とエル（l）の区別に苦労するのと同じ現象です。

反対に共通語には存在しない音韻の区別が方言に存在する場合もあります。ご指摘の

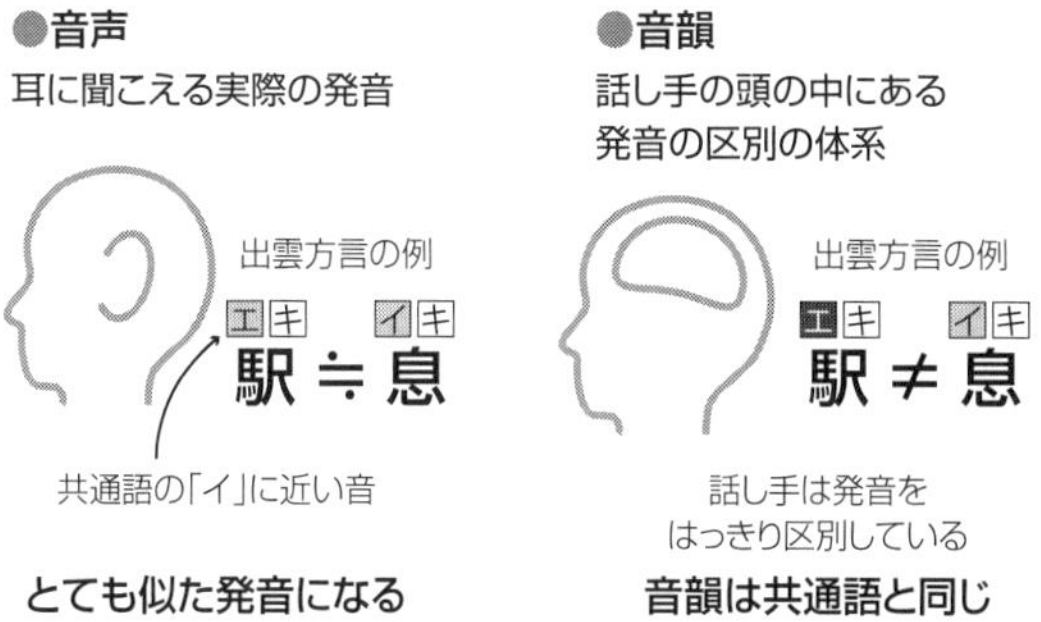

図1 ● 音声と音韻

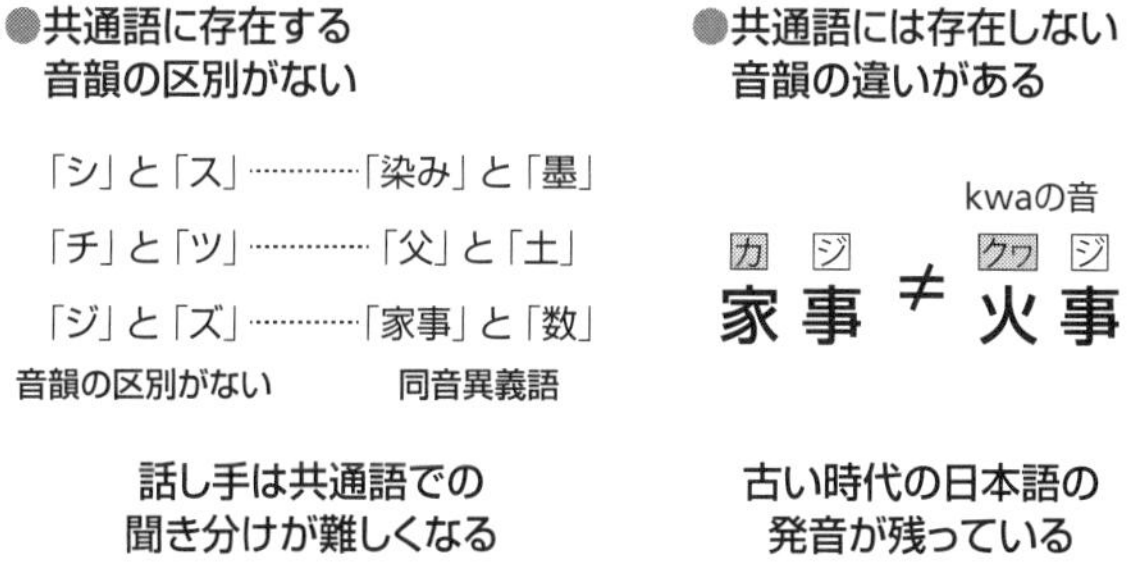

図2 ● 共通語と出雲・東北方言の音韻の対応関係

「家事」と「火事」の音韻的な区別はその一例です。出雲方言や東北の諸方言では、「家事」は「カジ」、「火事」は「クヮジ」と発音されます（「クヮ」はkwaの音です）。「クヮ」という発音は中国語の影響によるもので、中世の日本語（京都などで話されていた当時の標準語）ではいったん音韻として「カ」と区別されるようになりました。しかし、京都でも、また東京方言を含む多くの方言でも、その後の時代に区別が失われてしまいました。つまり、出雲や東北ではまだ中世日本語の区別が保持されているのです。

平安時代の標準語アクセントが各地で変遷した

以上は一つ一つの音、つまり子音や母音の特徴でしたが、単語を発音する際の声の高さに関する決まり、つまりアクセントにも方言差があります。アクセントは子音や母音に比べると標準語化に根強く抵抗しており、現在でも各地でかなりのバラエティが観察されます。

アクセントにも音声と音韻の区別があります。音韻としてのアクセントを調査するもっとも簡単な方法は、「牛」「空」「山」など2拍（おおむね仮名2文字）の和語の名詞に何種類のアクセントがあるかを調査することです。

<table>
<tr><th></th><th>京都
（平安末）</th><th>京都
（現代）</th><th>東京</th><th>鹿児島</th></tr>
<tr><td>Ⅰ　牛・飴・風・鳥…</td><td>$\overline{\text{○○}}$</td><td>$\overline{\text{○○ガ}}$</td><td>○$\overline{\text{○ガ}}$</td><td rowspan="2">○$\overline{\text{○}}$ガ</td></tr>
<tr><td>Ⅱ　石・音・川・雪…</td><td>$\overline{\text{○}}$○</td><td rowspan="2">$\overline{\text{○}}$○ガ</td><td rowspan="2">○$\overline{\text{○}}$ガ</td></tr>
<tr><td>Ⅲ　山・足・池・犬…</td><td>○○</td><td rowspan="3">○○$\overline{\text{ガ}}$</td></tr>
<tr><td>Ⅳ　空・糸・針・松…</td><td>○$\overline{\text{○}}$</td><td>○○$\overline{\text{ガ}}$</td><td rowspan="2">$\overline{\text{○}}$○ガ</td></tr>
<tr><td>Ⅴ　秋・雨・猿・窓…</td><td>○$\overset{\diagdown}{\text{○}}$</td><td>○$\overline{\text{○}}$ガ</td></tr>
</table>

表の見方

- 「○○」には「牛（うし）」「石（いし）」などの名詞が入る。「○○ガ」は「ウシガ」のように、名詞の後に助詞が付くことを表す。
- 上の線は、その部分が高く発音されることを示す。「ウ$\overline{\text{シガ}}$」は、ウが低くて、シとガが高く発音される。$\overset{\diagdown}{\text{○}}$は、下降することを表す。
- 「京都（平安末）」のⅠでは語の全体が高いピッチで発音され、Ⅲでは語の全体が低く発音されたと考えられている。

表●2拍名詞のアクセントの例

前ページの表は、そのような調査の結果を簡略にまとめたものです。東京方言の2拍名詞には3種類の区別が存在することがわかります。一方、京都には4種類の区別があり、鹿児島には2種類しかありません。これは、音韻としてのアクセントが方言によって相違していることを示しています。方言によっては、アクセントによる意味の区別がなくなっていることもあり、無アクセント方言と呼ばれます。

実は、平安末の京都方言では2拍名詞に5種類のアクセントが区別されていたことが当時の漢和辞典への書き込みからわかっています。その一部が、各地で時代の変遷とともに失われてゆくことによって、現在の方言アクセントのバラエティが生じたのだと考えられています。もし現代の鹿児島方言が2種類の名詞のアクセントについて区別をおこなわなくなったら、無アクセント方言に変化することになります。

＊国立国語研究所 YouTube 公式チャンネル〈講義「方言学概説―方言アクセントの多様性―」（木部暢子）〉「言語学レクチャーシリーズ（試験版）Vol.5」（https://www.youtube.com/watch?v=Etf0qyaAfdI）

はっきりと言う／遠回しに言うといった、地域による話し方の違いはありますか

回答＝杉戸清樹

谷崎潤一郎の思う東京人と大阪人の話し方

まず、問にあるような地域による話し方の違いについて書いたり言ったりした実例を二つ紹介します。

一つは作家の谷崎潤一郎の文章です。谷崎は東京出身ですが、成人したのちに関西に移り永く暮らしました。彼は「私の見た大阪及び大阪人」（1932年）という文章に、次のように書いています。（最初の文の「無心に行く」とは、〈（主に金銭に関する）頼みごとをしに行く〉という意味です）。

> 仮に東京人が大阪人に無心に行くとする。ところが相手はいつまでたっても確答を与えないので腹を立てて帰る。しかし大阪人の方では実はちゃんとイエスかノーかを

雑談のうちにほのめかしたつもりなのだ。そのほのめかし方が、土地の人同士なら立派に明答として通用するのだけれども、東京人はアケスケな言葉に馴れているので、その謎を悟らない。

（『谷崎潤一郎全集 第二十巻』p.387、中央公論社。現代表記に改めて引用した。）

もう一つは、国立国語研究所が１９９４年に京都で行った言語調査で、生まれも育ちも京都市内の女性（70代）が回答した言葉です。[*1]

質問「自分の荷物をしばらく預かってもらうように頼むとき、『これ重たいし、ちょっとよそに廻るので』というように、頼む理由について簡単にでも言い添えますか？」

回答「言い添えますねえ、大体。」

質問「言わないと言葉が足りない？」

回答「それ、東京の人の言い方っ！ 切り口上と言ってね。それを言わないと『言葉が足りない』って後で言われそう。京都ではね。」

この2例は、東京と関西の話し方の違いについて個人がどのようにとらえているかを示す実例です。地域による話し方の違いについてのこうした考えや意見は、しばしば指摘されたり話題にされたりすることがらです。そうした問題に目を向けた専門論文が公にされた事例もなかったわけではありません[*2]。

しかし、「実際に違いはあるか」という質問に、個人的な考えや意見ではなく、客観的・実証的な裏付けを基に答えることは現段階ではまだまだ困難だというべきです。そのための調査や研究が現段階では不十分だからです。

東と西では人を起こす言い方が微妙に違う

それでも、話し方や表現法についての全国的な資料や情報の蓄積は増えつつあります。一例を挙げましょう。国立国語研究所の『方言文法全国地図』第5集（2002年）には、「朝いつまでも寝ている孫にむかって」という場面で、①起きるようにやさしく言うとき、②それでも起きないので、起きるようにきびしく言うとき、それぞれどう言うかの表現が全国807地点にわたって示されています。

その資料全体を、東日本と西日本とでおおまかに比べて、次のような傾向があるのではないかという指摘がされたことがあります[*3]。

①やさしく言う場合：「起きたらいい」「起きたらどうだ」（勧め表現類）は東日本に多く、「起きなきゃだめ」「起きなあかん」（状況提示類）は西日本に多い。

②きびしく言う場合：「なぜ起きないんだ」「いつまで寝てるんだ」（状況問いかけ類）は東日本に多く、「起きなあかん」などの状況提示類は西日本に多い。

いずれも、非常にはっきりとした差異とは言えないのですが、単に表現形式の違いではなく、「勧め」の調子で言うか、「問いかけ」の調子で（問い詰めるように）言うか、「〜しなくてはならない」と状況を教え示すように言うかという、話し方の違いが垣間見えた例だと言えるでしょう。

２０１０年ごろから、この課題に積極的に取り組む調査・研究が目立って続くようになりました。

そこには、話し方や表現法という中でも、例えば、挨拶・お礼などの定型的な言語行動、驚き・後悔などの感情を表出する感動詞、擬音・擬態のオノマトペ表現、話の展開や会話のやりとりの型、更には、言語行動に関わる気遣いやものの言い方を支える発想法などに至る幅広い事象を取り上げて、それぞれの地域差を扱う新しい研究の広がりが見られます。それらの成果は、専門雑誌の論文や学会での口頭発表だけでなく、まとまった研究書や一般向けの図書としても公にされています。[4]

　この先も、コミュニケーションの言語行動を多面的に取り上げてその地域差を捉える調査・研究の広がること、また、そうした調査研究のための観点やデータに関する方法論が充実することが期待されます。

＊1―杉戸清樹（２００２）「対人関係と言語行動」に関連記述がある。『ＮＡＦＬ日本語教師養成通信講座テキスト15 日本人の言語行動』第４章、杉戸清樹・水谷信子、アルク

＊2―杉戸清樹（１９８６）「行動の中の方言」『講座方言学 第３巻 方言研究の問題』国書刊行会

＊3―三井はるみ（２００２）「命令表現の分布と場面差」『平成14年度国立国語研究所公開研究発表会資料集』国立国語研究所学術情報リポジトリ（https://doi.org/10.15084/00002945）

＊4―いろいろな言語事象を扱ったものとして、小林隆（２０２３）『語用論的方言学の方法』（ひつじ書房）がある。

第2章 どうにもモヤッとすることば

英語では使われない「GoToトラベル」という表現が日本で使われるのはなぜですか

回答＝松本 曜

「旅行するために行く」という奇妙な表現

「GoToトラベルキャンペーン」は、新型コロナウイルス感染症の流行で疲弊した経済の再興のため、政府が2020年に実施していた施策です。これは「GoToキャンペーン」の一つで、ほかに「GoToイートキャンペーン」「GoToイベントキャンペーン」も行われていました。

これを英語の表現として考えた場合、go to eat なら to は「不定詞の to」、go to events なら「前置詞の to」です。用法は違いますが、同じ to だからということで、まとめてGoToとしたのでしょう。

では「GoToトラベル」の to はどうでしょうか。英語の travel には名詞の用法も動詞の用法もあるので、どちらの to のつもりなのかははっきりしません。

●Go To イートキャンペーン

go to eat

to：不定詞のto　eat：動詞

●Go To イベントキャンペーン

go to events

to：前置詞のto　events：名詞

●Go To トラベルキャンペーン

go to travel

to：?　travel：動詞?　名詞?

図●Go To キャンペーンと英語表現

動詞だとすれば、「旅行するために行く」ということになり、行った先で旅行するという意味になります。行くことと旅行することは（通常の旅行では）時間的に重なるので、その意味にするならgo traveling と言うべきところです。

名詞として使うとすれば、go to a meeting と同じような表現ということになりますが、やはり奇妙な表現で、通常はgo on a trip です。

go to travel が英語として実際に使われているものであるかどうかは、「コーパス」[*1]と呼ばれるデータベースを使って調べることができます。COCA[*2]という10億語以上のアメリカ英語のコーパスでは、go on a trip は2

２５例見つかりますが、go to travel は3例しか見つかりません（go の様々な活用形の場合を含む）。やはり、普通はほとんど使わない表現なのです。

なお、ＧｏＴｏトラベルなどすべて合わせた「ＧｏＴｏキャンペーン」という名称も、to に後続する名詞も動詞もないので、英語としてはあり得ない表現です。

toと「に」の用法が似ていることが誤解のタネ

では、どうしてこのような「英語として奇妙な」表現が日本語として通用しているのでしょうか。

興味深いことに、ＪＥＦＬＬコーパス[*3]（70万語）という、日本の中高生の自由英作文データベースを見ると、go to travel という言い方が10例出てきます。これは、正しい表現である go on a trip の2倍です（go の様々な活用形の場合を含む）。つまり、go to travel は日本語を母語とする英語学習者によく見られる表現なのです。そのような表現は「おかしい」と感じられないため、日本語話者の間では受け入れられやすいのです。

英語学習者が go to travel という表現を使うとすれば、それは日本語の「旅行に行く」に基づいた表現だと思われます。日本語の「〜に行く」の場合、「東京に行く」「コンサー

●キャンペーンの表現（英語の場合）

go to travel

●通常使われる英語表現

go traveling

go on a trip

●アメリカ英語のコーパス

COCA（10億語以上）

●日本の中高生の自由英作文コーパス

JEFLL（70万語）

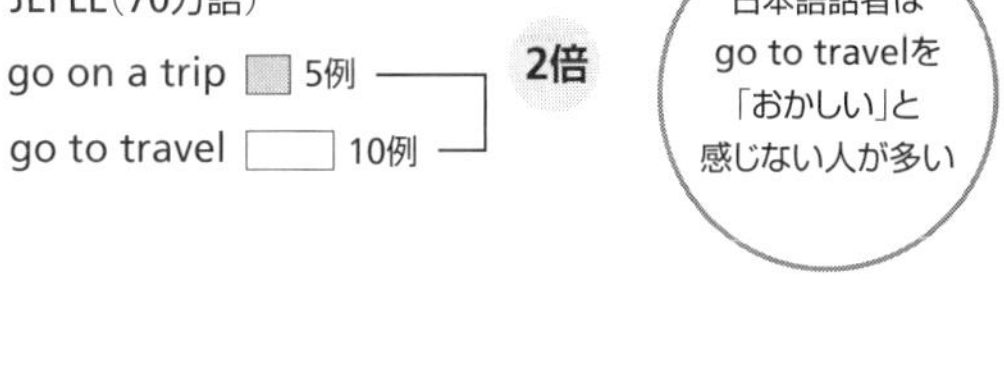

日本語	キャンペーンの表現	英語
食べに行く	Go To イート	go to eat
イベントに行く	Go To イベント	go to events
旅行に行く	Go To トラベル	go traveling go on a trip

トに行く」のように、目的地や目的地で行われるイベントを表す名詞と一緒に使われることもあれば、「買いに行く」のように、移動する目的を表す動詞を伴って使われる場合もあります。このほか、「ドライブに行く」のように、「〜する」の「〜」にあたる動詞的な名詞と一緒に使うこともできます。「旅行に行く」はこの最後のタイプの表現です。

このように、「イベントに行く」「食べに行く」とならんで、「旅行に行く」という、同じ「〜に行く」という表現が日本語では成立しています。これを英語に置き換えれば、go to event (s)、go to eat、そして go to travel となります。

日本語の「に」も英語の to も多機能的で、

到着点を表すほか、目的を表すことができるなど、その用法が重なっています。しかし、全く同じと思って置き換えると、英語としては正しくない表現が出来てしまうことになります。

なお、go to travel はちょうどそのようなケースです。「旅行に行く」「ドライブに行く」では、移動を始めた時から旅行やドライブが始まります。その点で、移動先で旅行、ドライブすることを表す、英語の go to travel、go to drive とは意味が異なります。go to travel、go to drive の意味は、日本語では「旅行しに行く」「ドライブしに行く」に近いと思われます。

以上のように、日本語として使われている英語に基づく表現を見ていくと、そこに日本語の表現の仕方が反映していることがあります。それを手がかりに言葉の使い方を見ていくと、日本語と英語の類似性と相違点が明らかになるのです。

＊1―コーパスとは、書籍、新聞、ウェブサイトなどから集めた文章をデータベース化して、研究などのために検索できるようにしたものです。日本語については、国立国語研究所が作成した『現代日本語書き言葉均衡コーパス』などがあります。

＊2―Corpus of Contemporary American English（COCA）（https://www.english-corpora.org/coca/）

＊3―Japanese EFL Learner（JEFLL）Corpus（https://scnweb.japanknowledge.com/JEFLL2/）

「感謝しかありません」はちょっと失礼な言い方ではないでしょうか

回答＝有田節子

「〜しかない」に感じるモヤモヤはどこから来るのか

「感謝しかありません」という表現に違和感を持つ人は少なくないようです。感謝の表現としては礼を失しているように感じる、「○○しかない」という表現を最近よく聞くが、必要以上に強調しすぎではないか、などの意見がインターネット上でも見られます。

この表現の何がそのように感じさせるのでしょうか。「○○しかない」という文の型そのものなのでしょうか。それとも「感謝」と結びつくからなのでしょうか。

まず、「しか」という表現について考えてみましょう。「しか」は「だけ」や「ばかり」などと並んで、「限定」の意味を持つ「副助詞」と言われています。「しか」はもっぱら否定表現と共に使われるという点が、「だけ」や「ばかり」と違うところです。

『ジューンブライド〜あなたしか見えない〜』という、人気アニメ『名探偵コナン』のエ

ンディングテーマ曲がありますが、この「あなたしか見えない」は「あなただけ見える」と同じことを表しています。

「Aしか〜ない」＝「Aだけ〜だ」

「しか」は「だけ」と違って述語の肯定形と共に使われることはなく、「しか〜ない」で肯定の「だけ」と同じ意味になるのです。

「しか」は少なくとも近世江戸語資料にはその存在が確認されています。

（1）どふかむかふはおいらがつかいこんで
　　でもいるとしかおもはねへはナ
（『角鶏卵』（1784）、＊1より）

（2）決して此方ども、扇子だけしかない者等の手ぎはに成ることではないから
（『古道大意』（1813）、＊1より）

その時点で否定形式とセットで使われるという特徴があったようですから、違和感の原因は「しか〜ない」という文の型にあるわけではなさそうです。

少ない・小さいことを暗示する場合がある

次に、「しかない」あるいは「しかありません」が名詞に直接続く「［名詞］＋しかない」という表現を見てみましょう。これも、古くからある表現ですが、おもしろいことに、昭和の時代までの書き言葉の文章では、全てがそうだというわけではないですが、

（3）今夜喰う食物しかない貧乏人の手から國家は未納税を取り上げる。
（末広一雄「獨斷獨語」『太陽』1917年14号、日本語歴史コーパスより）

（4）服装は甲冑や洋服姿とまちまちで、槍刀のほかは、わずかの小銃しかない。
（星亮一（1987）『会津藩燃ゆ』角川書店、現代日本語書き言葉均衡コーパスより）

のように、数量や規模などが少ない・小さいことを暗示する例が多いようです。

「○○［名詞］しかない」という表現に「○○がわずかである」のような含みがあるとすると、相手への溢れんばかりの感謝の気持ちの表現には不適当ということになりますね。違和感の原因はこのあたりにありそうです。

それでは、「感謝しかありません」のように言う人は「感謝がわずかである」ことを伝えようとしているのでしょうか。そんなはずはありませんよね。インターネット上で配信されているブログにあった最近の例を見てみましょう。

（5）自分一人では気づけなかった事がたくさんあり、それに気づかせてくださった矢柴さんには本当に感謝しかありません。

（テレビ朝日『仮面ライダーリバイス』キャストブログ　2022年6月19日）

「本当に」という強調する表現と共にむしろ感謝の気持ちの強さが表されています。

●図A「▲しかない」　●図B「▲しかない」

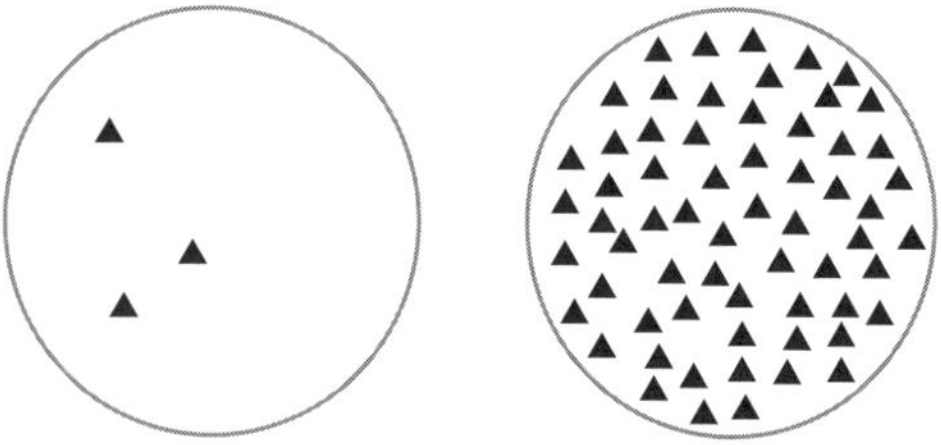

「〜しかない」の持つ「限定」の2つの側面

なぜ、「○○しかない」が「○○がわずかである」という含みを持つ一方で、感謝の気持ちが強いことを表しうるのでしょうか。そこには、「しかない」の持つ「限定」の2つの側面が関わっていると考えられます。

一つは「○○以外に該当するものがない」（図A）ということです。たとえば、（3）であれば、「今夜喰う食物」以外に「食物」に該当するものがない、というふうに解釈されます。世の中にたくさんある食物に比べると「今夜喰う食物」はわずかな量です。（4）の「わずかの小銃」も、武器としては規模が小さいと言えます。「しか」によって限定されるものが何か（大きなもの）と暗に比較される場合に「○○しか」は「○○が｛少ない・小さい｝」というような含みを持つようです。

もう一つは、「○○だけで占められている」（図B）ということです。「感謝しかない」ではこちらの方が際立つと考えられます。（5）の「矢柴さんには本当に感謝しかありません」は共演者の矢柴さんに対する気持ちが「感謝」だけであると解釈されます。

　自分では気づかなかったことを気づかせてくれたということですから、役者の後輩として厳しい指導を受けて、「いやだな」「面倒くさいな」などの、ややマイナスな感情を抱く可能性もありそうですが、そういう感情が入り込む余地はなく「感謝」で埋め尽くされているということを表しています。その結果、心が（他でもない）「感謝」でいっぱいだという極上の表現になるのです。

　これは、先の『名探偵コナン』の「あなたしか見えない」にも通じるものです。私の目にうつるのは「あなた」に限られている、つまり、私の視界が「あなた」で占められているという、熱烈な恋の歌になるわけです。

　もちろん、いつもいい感情で占められるわけではなく、「違和感しかない」という言い方もよく聞きますね。この表現にも違和感を持つ人が少なくないようですが、この場合は「違和感以外の感情がない」→「心が違和感で占められている」ということになり、強い不信感の表明になります。十分な文脈がなく唐突に「感謝しかない」と言われると、図Aのようにとってしまい、なんとなく落ち着きが悪く感じてしまうのでしょう。

ひところ話題になった、日米のプロ野球で活躍したイチロー選手の現役引退時の会見[＊2]のように、「ホームゲームのたびにおにぎりを握ってくれた」などの妻弓子さんへの思いや、「老犬の一弓が毎日懸命に生きている姿を見て頑張らなきゃと思った」などのエピソードの後に、「ほんと、妻と一弓には感謝の思いしかないですね」とくると、図Bのように解釈するのにそれほど違和感はないのではないでしょうか。

＊1―宮地朝子（２０１０）「日本語否定文と文法化―シカ類の変化と変異を中心に―」『否定と言語理論』（加藤泰彦ほか編）pp.170-192、開拓社

＊2―AERA dot.「イチロー引退【会見全文・後編】「大谷翔平は世界一の選手に」「外国人になって人の痛み想像した」」

＊国立国語研究所『日本語歴史コーパス（ＣＨＪ）』

＊国立国語研究所『現代日本語書き言葉均衡コーパス（ＢＣＣＷＪ）』

東北では「山に行く」を「山サ行く」と言うと聞いたので、「いい天気になった」を「いい天気サなった」と言ったら、この場合は「ニ」だと言われたのですが

回答＝井上　優

「サ」は空間的な移動の方向を表す

「山サ行く」「東京サ行く」のような〈空間的な移動の方向〉を表す東北地方の格助詞「サ」は、古くは「～の方に（へ）」という意味を表す古典語の「さまに（へ）」にさかのぼると言われています。

大臣《おとど》も立ちて外《と》さまにおはすれば（大臣も立って、外の方へいらっしゃるので）

（『源氏物語』浮舟）

また「サ」の仲間は東北地方だけでなく、遠く離れた九州にも見つけることができます。たとえば「駅の方に行った」を「駅サメ行った」（大分県湯布院町[*1]）、「駅サネ行った」（宮

崎県口南市）のように言います。

ただ、九州方言の「サメ、サネ」の類が、古典語の「さまに（へ）」の用法をよく保存し、〈空間的な移動の方向〉の意にほぼ限定されているのに対し、東北方言の「サ」は、「方向」以外の意味も広く表すように変化し、共通語の「に」に近い意味の広がりを持つにいたっています。

意味が抽象的になると「サ」より「ニ」が使われがち

しかし、東北方言の「サ」はもともとが〈空間的な移動の方向〉の意を表す表現ですから、「に」と異なる部分もあります。

たとえば、図1に示した福島県小高方言では、人間や容易に動かせる物の存在場所は「サ」で表せますが、「役場は大町にある」のように固定された物の存在場所は、「サ」ではなく「ニ」で表されます。また、「犬に追いかけられた」（受身の相手）、「いい天気になった」（変化の結果）のような「に」も、「サ」ではなく「ニ」が用いられます。〈空間的な移動の方向〉という意味から離れ、意味が抽象的になるにつれ、「サ」は使われなくなるわけです。

東北方言の「サ」は、共通語の「に」に近い意味の広がりを持つにいたっている

ヒガシノホー(サ)　イゲ。 （東の方(に)行け。）	移動の目標
シゴト(サ)　イッタ。 （仕事(に)行った。）	移動の目標
マゴ(サ)　オシエタ。 （孫(に)教えた。）	授与の相手
アシタワ　ウチ(サ)　イッカラ。 （明日は家(に)いるから。）	存在の場所
ホンワ　ココ(サ)　アルヨ。 （本はここ(に)あるよ。）	存在の場所

図1●福島県小高方言

出典：小林隆「東北方言における格助詞「サ」の分布と歴史」より

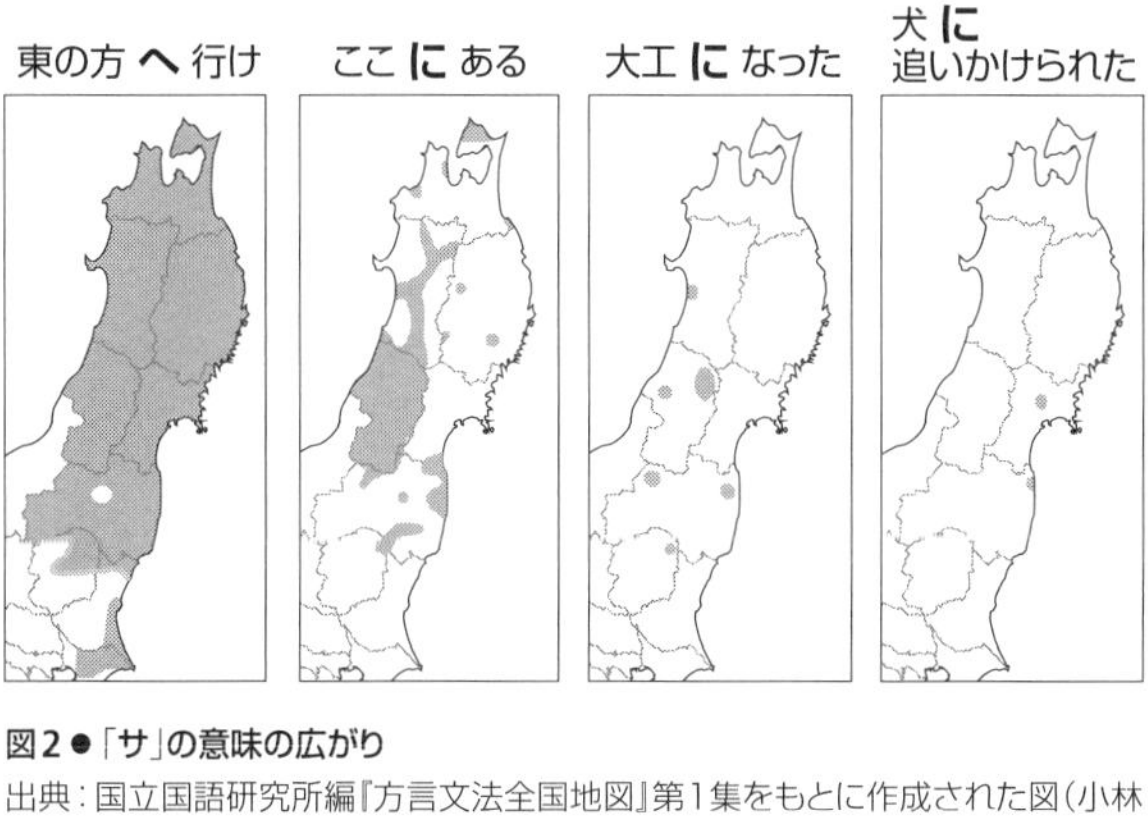

図2●「サ」の意味の広がり

出典：国立国語研究所編『方言文法全国地図』第1集をもとに作成された図（小林隆「東北方言における格助詞「サ」の分布と歴史」より）

「サ」の意味の広がりは、東北方言の中でも地域差があります。前ページの図2は、「東の方へ行け」「ここにある」「大工になった」「犬に追いかけられた」という文で「サ」が使われる地域を示したものですが、やはり〈空間的な移動の方向〉という意味が希薄になるにつれ、「サ」が使用される地域も減ることがわかります。

「サ」の意味変化は現在でも続いており、たとえば、秋田方言では、「本はここにあるよ」といった「存在の場所」はもともと「ニ」だったのが、若い世代では「サ」が普通になっています。[*2] 今後東北方言の中で「サ」の意味がどのように変化するか、地域差も含めて注目されるところです。

＊1―大分県湯布院町は、現在の大分県由布市湯布院町。
＊2―秋田県教育委員会編（２０００）『秋田のことば』無明舎出版
＊小林隆（１９９５）「東北方言における格助詞「サ」の分布と歴史」『東北大学文学部研究年報』第44号、pp.217-244、東北大学文学部

日本語を平たく言うアクセントが気になります。誤りではないでしょうか

回答＝小河原義朗

平板化すると記憶と発音を省エネできる

日本語のアクセントは、声の高低によって特徴づけられます。例えば東京方言では、「雨」は「ア」が高く「メ」が低い、「飴」は「ア」が低く「メ」が高いというように区別されます（以下、高いところに‾を付けて示します）。

ここで「雨」は、「高―低」のように高から低への下がり目がありますが、「飴」は「低―高」と上がるだけで下がり目がありません。このように下がり目があるものを起伏式アクセント、下がり目のないものを平板式アクセントと呼んで区別しています。

起伏式：ゲンゴ（言語）　ホーゲン（方言）

平板式：コクゴ（国語）　ニホンゴ（日本語）

「男」は「オトコ」なので、平板式のようですが、助詞ガを付けるとオトコガのように「コ」の後に下がり目があるので起伏式になります。「トレーナー」はもともと「レ」の後に下がり目のある起伏式でしたが、最近では平板式の発音も多く聞かれるようになりました。このように、従来起伏式で発音されていた語のアクセントが平板式に変化していく現象を「アクセントの平板化」と呼びます。「美人」「ビデオ」「かなり」など様々な語に見られ、東京の言葉を中心に進行しています。

なぜ平板化するのかについては、まず起伏式より平板式の方が記憶や発音の労力の面で楽ということが考えられます。起伏式は個々の単語ごとに下がり目の位置を覚えなければなりませんが、平板式はその必要がありません。さらに、平板式のように下がり目がなければ発音のために余分なエネルギーを使わずに済むというわけです。

専門性や仲間意識が際立ち、かっこよく聞こえる

また、外来語のアクセントの平板化は、慣れ親しんだ語ほど起こりやすい傾向があります。ギターに接する人ほど「ギター」、バイクが好きな人ほど「バイク」と発音する傾向

に気づいている人もいるかもしれません。それぞれの分野や集団で日常的に使う単語に、平板化がいち早く起こり、そのアクセントを使うことが、専門性を示したり、分野や集団内の仲間意識につながる、ということが指摘されています。

芸能・放送関係：ドラマ、モデル、マネージャー、リハーサル
コンピュータ関係：データ、ファイル、アドレス、ユーザー
スポーツ関係：ゲーム、バイク、サーファー、トレーナー

このような分野の、一種の業界アクセントともいうべきアクセントが、放送などを通じて一般の視聴者の耳に入ってきます。平板式で発音することが「かっこいい」といったある種のイメージや流行となって、専門家や若者から一般に広まっていくということは十分に考えられるでしょう。平板化の影響で「パンツ」（下着）と「パンツ」（ズボン）のように、もともと同じだった語がアクセントだけで区別される現象も起きています。

「トレーナー」には「衣服の一種」と「訓練の指導者」の意味がありますが、共通語の担い手と言われるアナウンサーが準拠している１９８５年版ＮＨＫ編『日本語発音アクセン

ト辞典』ではどちらも「トレーナー」でした。

ところが、１９９８年の改訂新版では「衣服の一種」の意味では平板式の「トレーナー」が主なアクセントとして追加されています。これは改訂に当たってのアナウンサーを対象としたアクセント調査の結果、「トレーナー」を含む多くの外来語で若い人ほど平板式が増えているという傾向に基づいています。

言葉が変化するのと同様、アクセントも時代とともに変化します。アナウンサーといえども少なからずその影響を受けます。現在は平板式の「ピアノ」「アルバム」「ライオン」などの語も、もとは起伏式でした。「トレーナー」も、意味にかかわらず、いずれは起伏式で発音している人はほとんどいなくなっているかもしれません。

＊井上史雄（１９９８）『日本語ウォッチング』岩波書店
＊加治木美奈子（１９９８）「若い世代は平らなアクセントがメジャー」『放送研究と調査』7月号、日本放送出版協会
＊塩田雄大（２０１６）「外来語のアクセントの現況～在来語化する外来語～」『放送研究と調査』10月号、ＮＨＫ出版

「故障中」という言い方は文法的に間違っているのでしょうか

回答＝井上 優

「文法的に間違っている」とはどういうことか

文法とは、ことばのパターン（規則性）のことです。そして、通常のパターンに合わない言い方は「文法的に間違っている」と言われます。たとえば、日本語学習者が「×着らない」「×おいしいの料理」のような言い方をすれば「誤用」とされますが、それはこの言い方が日本語の通常のパターンに合わないからです。

しかし、通常のパターンに合わない言い方がすべて文法的に間違っているというわけではありません。たとえば、「行く」の過去形は「行った」ですが、これは「く」で終わる動詞の通常のパターン（例：聞く↓聞いた）とは異なります。また、形容動詞が名詞につくときは「静かだ↓静かな街」のように「だ」が「な」になりますが、「同じだ」が名詞につくときは「×同じな値段」ではなく、「同じ値段」となります。

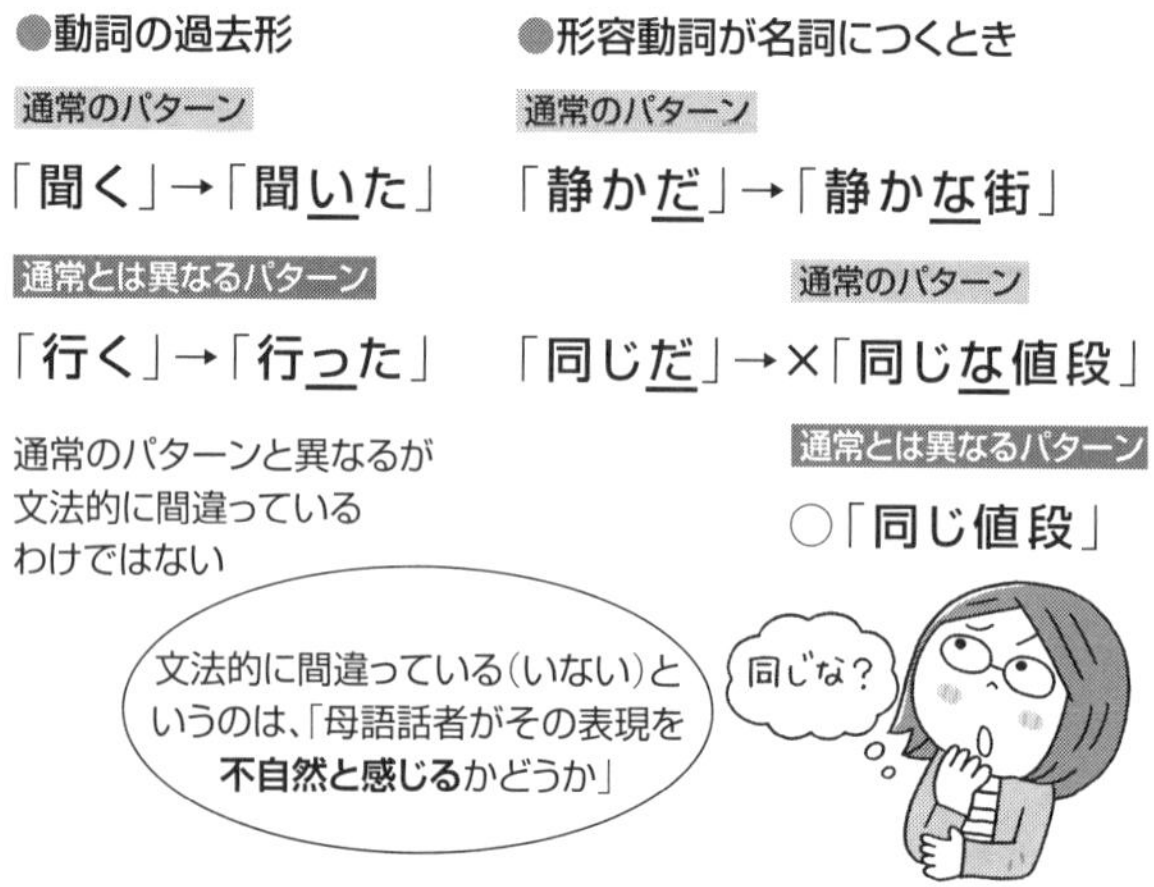

図1● 通常のパターンに合わない言い方

人間にいろいろな人間がいるのと同じように、語にもいろいろな語があります。中には、「行く」「同じだ」のように、通常のパターンに合わない例外的なふるまいをする語もあります。通常のパターンとは異なるというだけで、文法的に間違っているわけではありません。文法的に間違っている（いない）というのは、「母語話者がその表現を不自然と感じるかどうか」という問題なのです。

典型的な用法とずれているが、共通性もある

さて、問題の「故障中」ですが、私自身はこの言い方にそれほど不自然さは感じません。しかし、「故障中」という言い方に違和感を

覚えたり、不自然だと感じたりする人も少なくないようです。[*1]

このような差が生ずる背景には、「故障中」という言い方が「〜中《ちゅう》」という表現の典型的な用法から外れているということがあります。

「〜中」は「動作を一時的に保つ」ことを表す表現で、典型的には「〜し続ける」という言い方が成立するものについて用いられます。

「〜し続ける」という言い方が成立しない場合でも、人間が主体であり、かつ「いずれ解消される状態を一時的に保つ」という意味が認められれば、「〜中」という言い方は、典型的な用法とは言えませんが、比較的成立しやすくなります。

婚約中（結婚までの間、婚約した状態を保つ）（×婚約し続ける）
就寝中（起きるまでの間、就寝した状態を保つ）（×就寝し続ける）

「×死亡中」「×結婚中」のように、「いずれ解消される状態を一時的に保つ」ということが考えにくい場合は、人間が主体であっても、「〜中」という言い方は成立しません。

ここで「故障中」について考えてみると、まず「故障」は「×故障し続ける」とは言え

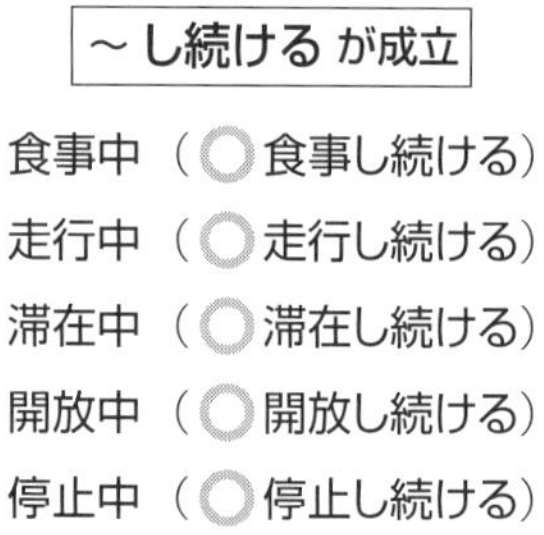

図2●「〜中」の典型的な用法

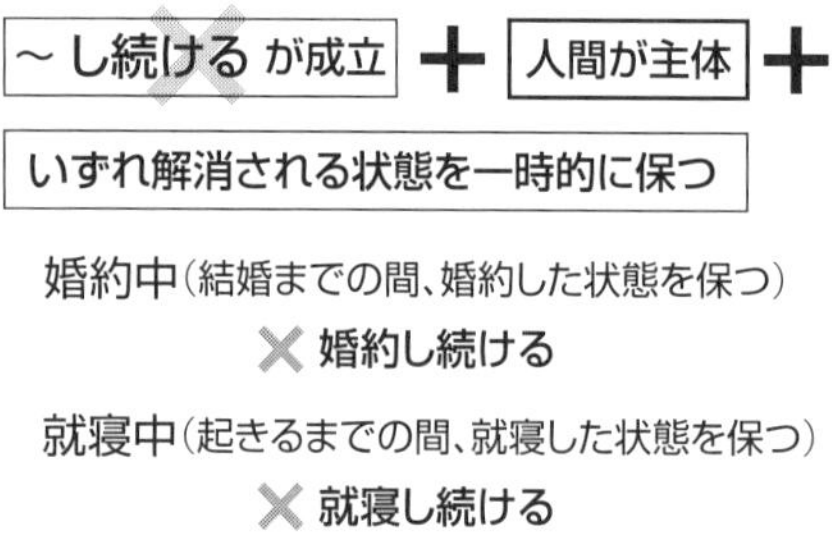

図3●比較的「〜中」が成立しやすい場合

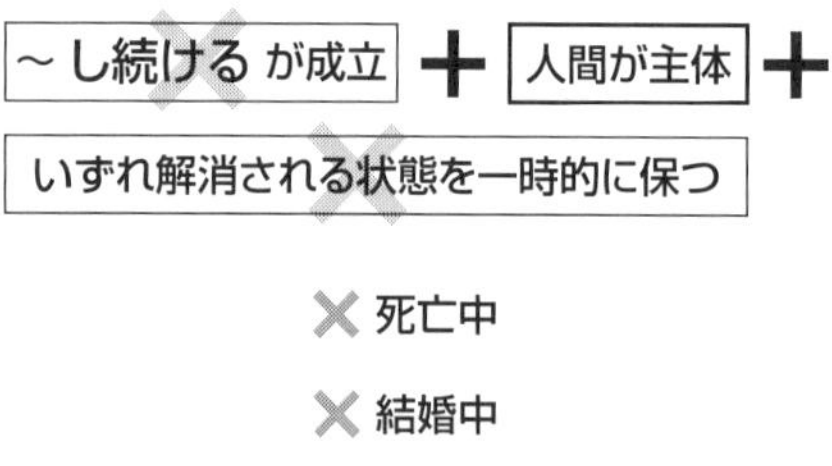

図4●人間が主体であっても「〜中」が成立しない場合

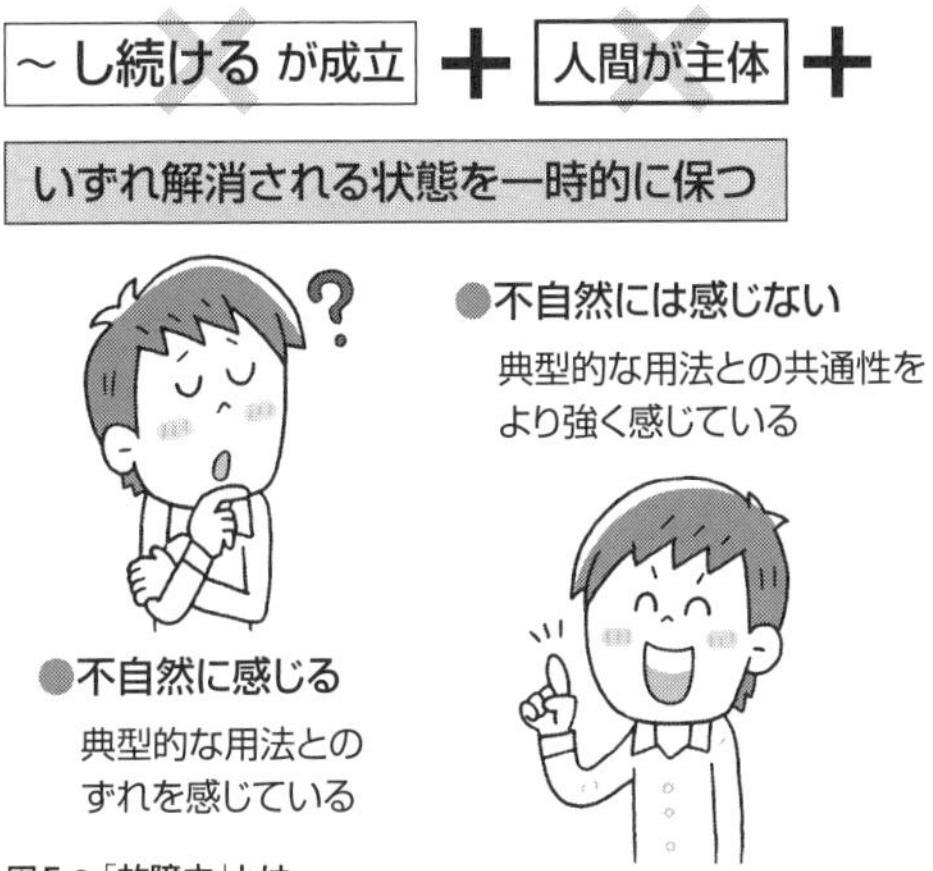

図5●「故障中」とは

ません。また、人間が主体ではない点で「婚約中」「就寝中」などとも異なります。つまり、「故障中」という言い方は「〜中」の典型的な用法からかなり外れているのであり、「故障中」を不自然に感じる人はこのずれが気になるわけです。

しかし、典型から外れているというだけで「文法的に間違っている」とは言えません。実際、「×死亡中」「×結婚中」などとは異なり、「故障中」には「いずれ解消される状態が一時的に保たれる」という意味は認められるので、「〜中」の典型的な用法との共通性は保たれています。

「故障中」を特に不自然に感じない人は、典型からのずれよりも、典型との共通性の方をより強く感じているわけです。

「典型的ではないが文法的に間違っているわけではない」と「文法的に間違っている」の差は微妙です。「故障中」の問題はまさにそのような問題なのです。

＊1—国広哲弥（1991）『日本語誤用・慣用小辞典』講談社

社外の人に対し上司を呼び捨てにするのは違和感があるのですが

回答＝尾崎喜光

優先順位は〈上下〉関係よりも〈内外《ウチソト》〉関係

日本語において敬語を付けて表現するか否かは、話にかかわる人間関係により決まるところがおおいにあります。その人間関係を判定する基準は、大きく〈上下〉関係と〈内《ウチ》外《ソト》〉関係に分けることができます。

〈上下〉関係による基準というのは、年齢や立場などにおいて自分よりも上にある者に対しては敬語を使うというものです。

もっとも現在は、同等や目下の人に対しても敬語を使うことが一般的ですので、敬語使用は上方向に限られるわけではありません。しかし、同等や目下の人へは敬語を使わない場合も十分ありうるのに対し、目上の人への敬語使用（特にデス・マスなどの丁寧語の使用）はほぼ必須《ひっす》と言ってよいでしょう。つまり、〈上下〉関係の基準は薄くなってはきているものの、現在でもまだ確かにあります。

　これに対し〈内外〉関係による基準というのは、相対的に自分に近い側の人間と遠い側の人間とが話の内容にかかわってくる場合、自分に近い側の人間をへりくだらせ、そのことをとおして結果的に自分から遠い側の人間を高めるというものです。つまり、ウチとソトの人間を峻別《しゅんべつ》し、ソトの人間の方を尊重するという発想です。

　この〈上下〉関係と〈内外〉関係が衝突することがあります。つまり、自分よりも上の人間だけれども、もう一方の人間との関係においてはウチとして扱うべき場合です。たとえば、社外の人（ソトの人間）に対し、社内の上司（ウチの人間）のことを話すようなケースです。

　こうした場合、現在の日本語の標準的な用法としては、〈上下〉関係よりも〈内外〉関係を優先させ、たとえ目上の人であっても敬語を付けずにへりくだらせます。たとえば、「加藤さんは午後にはお帰りになります」ではなく、「加藤は午後には帰って参ります」と言うわけです。

　逆に、社外の人であれば、たとえ自分よりずっと年下の新入社員のことであっても、「田中さんはいつお帰りになりますか？」のように敬語を付けて表現します。

臨時に反対方向の言葉遣いをしなければならない

質問の内容は、社外の人に対し上司を呼び捨てにすることが不自然に感じられる、ということです。このような違和感は、いったいどこから来るのでしょうか。

それは、日本語の言葉遣いにかかわってくる〈上下〉関係と〈内外〉関係という二つの基準が、社外の人と話をする状況では衝突するからではないでしょうか。

同じ会社の社員同士で日常の業務を行っているときには、〈上下〉関係に基づく言葉遣いをしていれば済みます。ところが、社外の人と話す場面では、いわばそのときだけ「臨時」に〈内外〉関係に基づいた言葉遣いに切り替えて、通常と反対方向の言葉遣いをするわけです。違和感を覚えるのも無理はありません。

また、理屈では、〈内外〉関係の基準を適用すべきだとわかっていても、社会的な立場としては上にいる上司のことを下に置くかのような物言いをすることに居心地の悪さを感じるということもあるかもしれません。

しかし、立場を換えて、自分がよその会社に電話をしたときに「加藤さんは午後にはお帰りになります」と言われたとしたらどうでしょうか。何となく、加藤さんが重んじられて、逆に自分は十分尊重されていないように感じる人もいるのではないでしょうか。

そう考えると、話し手自身の感覚としては多少不自然な、あるいは居心地の良くない感じがしても、それを受ける相手の立場から考えて、相手が受け入れやすい、心地よい表現をすることも必要だということになります。

コミュニケーションは相手があって成り立つ行為ですので、他者（受け手）の立場に立った配慮をすることも望ましいと言えます。

「お世話になっておりますぅ」と、「す」を伸ばすようにして言うのはなぜですか

回答＝儲　叶明

文末の「す」はふだん母音/u/が省略されがち

街中を歩いている人が取引先らしき人との電話で、「あっ、お世話になっておりますぅ」と、文末の「ます」を「ますぅ」と発音しているのを耳にしたことがある人は多いのではないでしょうか。

ここでは、「す」（/su/）の母音/u/が強調される形で発音されることを示すために、「ぅ」を入れて「すぅ」と表しています。

「す」は/su/なのだから、母音の/u/が強調される発音なんてあるのですか？　と疑問に感じる人もいるかもしれません。実は、「す」の母音が強調されたりされなかったりするのには、私たちの発音のルールが関わっています。

本来、母音/u/は、声帯の振動を伴って発音されるのですが、子音/s/の後かつ文の末

尾という位置に置かれると、声帯の振動がなくなり、あたかも/u/が聞こえないような発音になります。これを「母音の無声化」[*1・2]といいます。

母音の無声化は地域によって起きやすかったり、起きにくかったりすると言われています。ただし、地域に関係なく10代の若者のことばは、40代以上の高年層に比べて母音の無声化が起きやすいという報告もあります。[*3]

つまり、ふだんあまり意識されていませんが、私たちは文末の「です・ます」を/su/というより/s/に近い形で発音していることがしばしばあるのです。実際、そのほうが母音/u/の口構えを作らなくて良いので発音しやすく、効率的とも言えます。

しかし、先の場面では、日常的に使用される/s/ではなく、/su/と発音しています。これはなぜでしょう?

それは、いつも通りに発音するのではなく、あえてきちんと/su/と発音することで、「今ここの場が改まった場面である」ことや、「敬意を表したり、丁寧に接したりする必要のある重要な相手である」ことを表す働きがあるのではないでしょうか。言い換えると、発話の場において話し手が「場の改まり度」「相手との社会関係(取引先など)」に応じて振る舞っているということです。

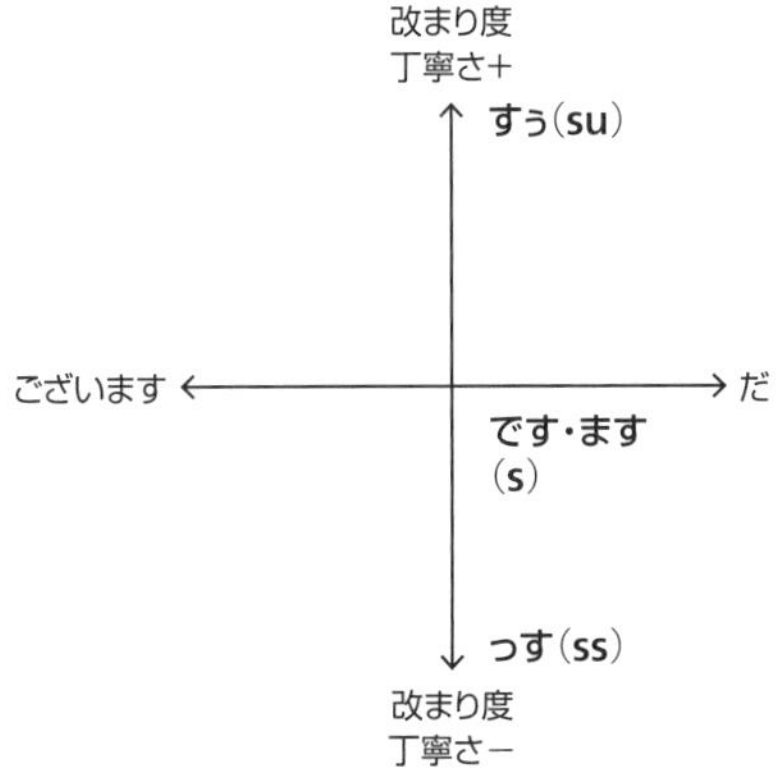

図●「です・ます」の「すぅ」と「っす」

「ます」に丁寧さを足す「ますぅ」、親しみを足す「っす」

「す」(/s/)に、改まり度や丁寧さの度合いを加える「すぅ」(/su/)があるのとは反対に、改まり度や丁寧さの度合いを少し下げることもあります。特に近年、若年層の間では、「っす」(/ss/)という、短縮形の「ス体」(＊4、p.5)が広く使用されています。

中村[＊4]の研究では、「マジっすか」のような文における「ス体」は、「です・ます体」を使用することで相手に対して「敬語を使うべき目上」としたうえで、親しみを込めることも可能であるとされています(＊4、pp.56-59)。

日本語の文体は、文末のスタイルから「敬

体」と「普通体」に大きく分類できますが、「すぅ」（/su/）や短縮形の「っす」（/ss/）からは、この二つの分類だけでは括ることのできない言語の使用実態が見えてくるのです。

ここまでの話は前ページの図のようにまとめることができます。「改まり度」「丁寧さ」を縦軸で表すと、「すぅ」（/su/）と「っす」（/ss/）は、どちらも「です・ます体」を基準としつつ、前者は改まり度や丁寧さを増した発音であり、後者は少し親しみが込められた発音です。この図からも、文末の「すぅ」（/su/）と「っす」（/ss/）の発音は「です・ます体」に振れ幅を持たせたものであるということが分かるのではないでしょうか。

冒頭の質問に戻りますと、「お世話になっておりますぅ」の「す」を伸ばして言うのは、場の「改まり度」と「丁寧さ」に基づいて、話し手が相手と場面に応じた振る舞いをしているからだと考えられます。

＊1—前川喜久雄（１９８９）「母音の無声化」『講座 日本語と日本語教育 2』（杉藤美代子編）pp.135-153、明治書院

＊2—杉藤美代子（１９８２）『日本語アクセントの研究』三省堂

＊3—邊姫京（２００７）「狭母音の無声化の全国的地域差と世代差」『日本語の研究』第3巻1号、pp.33-48、日本語学会

＊4—中村桃子（２０２０）『新敬語「マジヤバイっす」：社会言語学の視点から』白澤社

第3章 文字にまつわるミステリー

（）【】『』など、いろいろな括弧をどう使いわければよいですか

回答＝岩崎拓也

情報を目立たせたいか、目立たせたくないか

みなさんは、普段どのような括弧を使っていますか。

最初に思いつくのは、かぎ括弧と丸括弧（「パーレン」や、単に「括弧」とも言う）だと思います。かぎ括弧「」は、1．の例のように文をくくると会話文であることを表します。これは、小学校の国語科の教科書にも書かれているので、みなさんもご存じだと思います。ですが、次の2．から4．までの例のように、かぎ括弧は会話文以外でもよく使われています。

1．「そんなこと言ったって、しょうがないじゃないか。」

2．岩崎拓也（2016）「中国人・韓国人日本語学習者の作文にみられる句読点の多寡」

3．外国語として日本語を学ぶ人にとって、「は」と「が」の使い分けはとても難しい。
4．私は「乱切り」の蕎麦のほうが好きです。

2．では論文の題名に、3．はメタ的な語（地の文とは異なる、概念的な語の使い方）に、4．では強調したい語に、それぞれかぎ括弧が使用されていると考えられます。このような使い方は、学校では習わないものです。

では、それ以外にどのような括弧があって、どのように使われるのでしょうか。次ページの表に括弧の種類と名前、括弧のなかで使われやすい内容を簡潔にまとめてみました。

これらは、日常的に使われる括弧を取りあげたもので、そのほかにも〔〕や《》など、場合によってさまざまな括弧の使用が見られます。このように、括弧の種類はさまざまですが、どの括弧を使わなければならないか、というようなルールは存在していません。つまり、書き手が読み手にわかりやすく示せるように試行錯誤している、というのが現状です。

ですが、括弧の機能を考えてみると、情報を目立たせたいか、目立たせたくないか、ということで使いわけができると思います。

括弧	括弧の名前	括弧のなかで使われやすい内容
（　）	丸括弧（括弧、パーレン）	注釈や補足、引用、言い換え
「　」	かぎ括弧	会話文や発話の引用、強調
【　】	隅付（すみつき）括弧	重要な箇所の強調
『　』	二重かぎ括弧	題名（書籍や映画など）、かぎ括弧のなかの会話
“　”	クォーテーションマーク	（主に欧文の）引用やタイトル、強調

表●括弧の名前と括弧のなかで使われやすい内容

【】はメールやビジネス文書、（）は注釈やツッコミで活躍

以前、私はビジネス文書の研究をしており、クラウドソーシングにおける発注文書を分析していました。この発注文書の見出し2万8896件を調査した結果、最も多く使用されていたのは、【】（隅付括弧）で62%、次に多かったのは（）（丸括弧）で26%、「」（かぎ括弧）は8%のみ、という結果でした。さまざまな括弧があることは先ほど述べましたが、ビジネス文書の見出しにおいては、これら3種類の括弧だけで全体の96%を占めていることがわかりました。

　では、最も多くみられた隅付括弧の実例をみてみましょう。

5.【至急】ウェブデザイン変更のお願い
6.【7/17〆切】記事作成のリマインド

隅付括弧は黒い部分が他の括弧よりも多く、非常に目につきます。ですので、右の2例のように、用件を端的に表す表現を隅付括弧のなかに書くと、読み手に内容がすぐにわかります。この隅付括弧はメールでも多用されています。実際に、私に届いている直近のメールを確認してみたところ、以下のような隅付括弧がありました。

【リマインド】【ご確認お願い】【科研費・補助金】【12/7実施予定】
【お知らせ】【ご相談】

このように隅付括弧を使うことで、情報を目立たせることができ、どういう類のメールが来たのかが本文を読まずともわかるようになっています。

目立たせるための括弧があれば、目立たせないための括弧もあります。それは、丸括弧です。丸括弧は、地の文にすると冗長となる情報を書くことによって、文をスッキリみせることができる符号です。以下の7.では、「1階のホール」の場所の詳細が述べられています。また、8.では、急には来訪しないことを、昔のテレビ番組に喩えて冗談のように言っています。

7. 先に1階のホール（正面の玄関入ってすぐのところです）に集合してください。
8. 伺う際には事前に連絡しますので、ご安心ください。（「突撃！隣の晩ごはん」みたいに急に来ません笑）

丸括弧は、地の文に書くと複雑になってしまう情報や、わざわざ地の文に書くほどでもないことに使うとよいと言えるでしょう。

（丸括弧）には句点「。」をどこにつけるべきか

話は変わりますが、地の文と丸括弧があるとき、みなさんはどこに句点をつけますか。

9．ミーティングですが、明日の8時でお願いします（朝早くて申し訳ありません）。
10．ミーティングですが、明日の8時でお願いします。（朝早くて申し訳ありません）。
11．ミーティングですが、明日の8時でお願いします。（朝早くて申し訳ありません。）
12．ミーティングですが、明日の8時でお願いします（朝早くて申し訳ありません。）。

もしかしたら私が示した例以外の方もいるかもしれません（ちなみに私は9．の句点のつけ方をします）。このように、括弧と句点の組み合わせには、あいまいな部分が存在することがわかります。

こうしたなか、令和4年1月7日に「公用文作成の考え方（建議）」が建議され、この括弧と句点の問題が取りあげられ、まとめられています。ちなみに、この「公用文作成の考え方（建議）」は、約70年前に示された「公用文作成の要領」が時代に合っていないことから新たに示された、公用文の書き表し方の原則をまとめたものです。この文書において、括弧と句点についてまとめられている箇所のなかで、この問題と関係がある部分を引用してみます。

オ　文末にある括弧と句点の関係を使い分ける。文末に括弧がある場合、それが部分的な注釈であれば閉じた括弧の後に句点を打つ。二つ以上の文、又は、文章全体の注釈であれば、最後の文と括弧の間に句点を打つ。

「公用文作成の考え方（建議）」(p.4)

使いわけのポイントは括弧内の文が「部分的な注釈」か「二つ以上の文、又は、文章全体の注釈」かというところです。「公用文作成の考え方（建議）」には、解説（「(付)「公用文作成の考え方（文化審議会建議）」解説」）があり、そのなかに実例が載っていますので、以下に引用します。

文末に括弧がある場合、それが部分的な注釈であれば閉じた括弧の後に句点を打つ。

例）当事業は一時休止を決定した。ただし、年内にも再開を予定している（日程は未定である。）。

さらに、二つ以上の文、又は、文章全体の注釈であれば、最後の文と括弧の間に句点を打つ。

例）当事業は一時休止を決定した。ただし、年内にも再開を予定している。（別紙として、決定に至った経緯に関する資料を付した。）

「(付)「公用文作成の考え方（文化審議会建議）」解説」(p.17)

「二つ以上の文」はともかく、「注釈」が「部分的」か「文章全体」かというのは、場合によって解釈が異なるので、句点のつけ方の基準としては一義的ではないように思えます。そのためか、「解説」には、以下のように注釈があります。

なお、一般の社会生活においては、括弧内の句点を省略することが多い。解説・広報等では、そこで文が終わっていることがはっきりしている場合に限って、括弧内の句点を省略することがある。

例）年内にも再開を予定しています（日程は未定です）。

「(付)「公用文作成の考え方（文化審議会建議）」解説」(p.17)

ですので、基本的には9.のようにすればいいことになります。実は、そのほかにも括弧と句点の組み合わせについての問題があるのですが、ここでは割愛します（気になる方は＊1にまとめてありますので、ご覧ください）。

括弧は目立たせたり、逆に目立たせなかったりするために使いわけるとよいでしょう。隅付括弧【】は目立たせるための括弧、丸括弧（）は目立たせないための括弧です。括弧を使うことで、会話文、引用、注釈、強調などであることを読み手に伝えることができます。なお、括弧の使用上の注意点は、使いすぎると効果が薄くなることです。何を伝えたいのかがわからなくなるので、使いすぎには気をつけたほうがよいでしょう。

今回紹介した以外にもさまざまな括弧がさまざまなところで使用されています。街中などで括弧がどのように使われているか観察してみると、おもしろい傾向がみられるかもしれません。

＊1―岩崎拓也（２０２２）「第10回　公用文における句読点」『句読法、テンマルルール　わかりやすさのきほん』（https://www.hituzi.co.jp/hituzigusa/2022/11/10/punc10/：２０２３年12月13日確認）

＊文化庁「公用文作成の考え方（建議）」（https://www.bunka.go.jp/seisaku/bunkashingikai/kokugo/hokoku/pdf/93651301_01.pdf：２０２３年12月13日確認）

「やゝ」「人々」の「ゝ」「々」は何と読むのですか

回答＝田中牧郎

手書きと縦書きの衰退で見かけなくなった「踊り字」

同じ文字を繰り返すときに用いる文字や符号には、「ゝ」「々」のほかにもいくつかあり、まとめて「踊り字」あるいは「繰り返し符号」などと呼びます。パソコンやスマホなどの入力の際、仮名漢字変換の必要から、読み方が話題になる機会が多いようですが、手書きや縦書きの衰退で、使われる場面は急速に狭まってきています。

次のようにいくつかの種類に分かれ、それぞれに独自の呼び名と使い方の習慣があります。①から⑤は、文字というより符号ですから読みはありませんが、⑥は漢字の一種で読みをもっています。

① 一ツ《ひとつ》点《てん》 ゝ ゞ ヽ ヾ

仮名一字の繰り返しに用います。「こゝろ」のように平仮名の繰り返しには「ゝ」、「学問ノスヽメ」のように片仮名の場合は「ヽ」が普通です。濁音で繰り返す場合は、「たゞ」「トヾ」のように「ゞ」「ヾ」となります。

②同《どう》の字点《じてん》　々

「先々」「正々堂々」のように、漢字一字を繰り返す際に用います。現在、横書きでもよく使われます。「ノマ」と呼ぶこともありますが、形を分解した呼び名です。

③二《に》の字点《じてん》　〻

「愈〻《いよいよ》」「益〻《ますます》」のように、ある決まった語において、漢字一字の繰り返しに用いられることがありますが、主として縦書きの場合です。繰り返しを意味する「二」をくずした形であるので、この呼び名があります。最近では「愈々」「益々」と書くことも一般的です。

④くの字点《じてん》　〱

「よく〱」「知らず〱」など、二字以上の繰り返しに用います。濁音にして繰り返す場合は、「くれ〴〵も」のように書きます。これも、形に着目した呼び名です。

⑤ノノ《のの》点《てん》　〃

図表や箇条書き風の文章のなかで、「上（右）に同じ」という意味で使われます。

（例）春季募集　三月三十一日締め切り

　　　秋季〃　十月　〃〃

⑥仝《どう》

「仝」は、「〃」と同じように使われます。ただ、「仝」は「同」の異体字で、「ドウ」という読みをもち、漢字の一種です。

こうした踊り字の形や使われ方は、手書きによる縦書きのなかで培われてきた習慣によるものです。活字では、新聞の多くは「々」「〃」以外は使わないように定めていますし、最近では横書きや、パソコンやスマホなどによる文章の入力が普及してきたために、様々な踊り字を使い分ける機会は少なくなってきました。しかし、手書きで手紙を書く場合など、踊り字の適切な使用が求められる場面も残っています。

万葉集にも「何時毛〻〻〻」と使われている

それぞれの使い方についての詳細は、文部省「くりかへし符号の使ひ方〔をどり字法〕（案）」を参照してください。[*1] なお、「々」は符号ではありますが、「佐々木」「奈々子」など、姓名に用いてもよいことになっており、「佐々木」と「佐佐木」は、戸籍上では区別されています。

踊り字の起源は古く、中国の殷《いん》の時代から、「二」の形が、漢字を繰り返すことを表すものとして、見られます。日本でも奈良時代以前から使われています。万葉集に、「何時毛〻〻〻」（いつもいつも）とあるなど、二字以上の漢字の繰り返しにも用いられています。平安時代に、平仮名・片仮名がつくられると、仮名の繰り返しにも、はじめは「〻」が用いられましたが、これを略して「ゝ」や「、」の形になったと言われています。

それぞれの形や用法の歴史については、まだ十分な調査が行われていませんが、「〱」の形の由来は、当時書かれたままの資料が豊富に残っている、漢文に読み方（訓点）を書き入れた文献（訓点資料）の調査によって、興味深い事実が明らかになっています。

一ツ点	符号	ゝゞヽヾ	こゝろ　学問ノスヽメ たゞ　トヾ
同の字点	符号	々	先々　正々堂々
二の字点	符号	〻	愈〻　益〻
くの字点	符号	〱	よく〱　知らず〱　くれ〲も
ノノ点	符号	〃	春季募集　三月三十一日締め切り 秋季　〃　十月　〃〃
仝《どう》	漢字	仝	「〃」と同じように使われる

図1●踊り字の縦書き表示

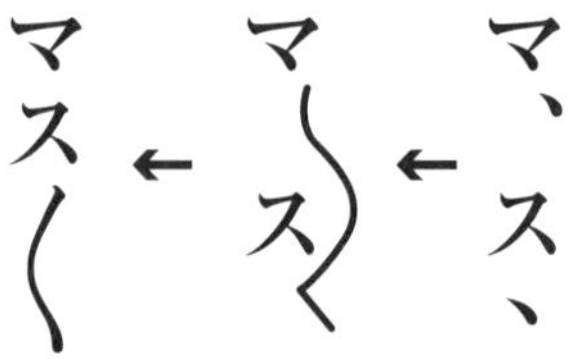

図2●くの字点の成立過程

二字以上の繰り返しでは、はじめ「マ、ス、」（マスマス）のように書いていました。この、一点めの「、」と二点めの「、」がつながって、図2の真ん中のようになり、さらに起筆が二字めの後に下りて、「マス〱」と変化し、「〱」が成立しました。

ノノ点「〃」は、西洋語や中国語において繰り返しに用いられている例があることから、外国語に由来するものと言われています。

＊1―文部省教科書局調査課国語調査室（1946）「くりかへし符号の使ひ方〔をどり字法〕（案）」文化庁参考資料。現行の漢字字体にしたもの。
(https://www.bunka.go.jp/kokugo_nihongo/sisaku/joho/joho/kijun/sanko/pdf/kurikahesi.pdf)

＊小林芳規（1967）「踊字の沿革續貂《ぞくちょう》」『広島大学文学部紀要』27巻1号(https://doi.org/10.15027/24915)

＊中田祝夫（1954）『古点本の国語学的研究 総論篇』大日本雄弁会講談社

平仮名は誰が作ったのですか

回答＝矢田 勉

江戸時代までは空海が作ったとされていた

平仮名は、誰か一人が作ったというものではありません。江戸時代までは、空海が作ったと広く信じられていましたが、ありえないことです。

空海は、弘法大師とも呼ばれる平安時代初期（７７４年生～８３５年没）の僧侶で、遣唐使を経て、真言宗の開祖となりました。鎌倉時代以降に、まず、空海がいろは歌を作ったという俗説が生まれました。いろは歌が出来たのは空海の時代よりだいぶ後のこと（11世紀）ですから、それもありえないことですが、いろは歌は、その内容が仏教の重要な考え方である「無常観」を大変簡潔に表したものと読めるので、日本を代表する僧侶である空海が作者だと考えられるようになったのです。

このいろは歌は、平安時代末期以降（明治時代初めに至るまで）、子供がはじめて平仮

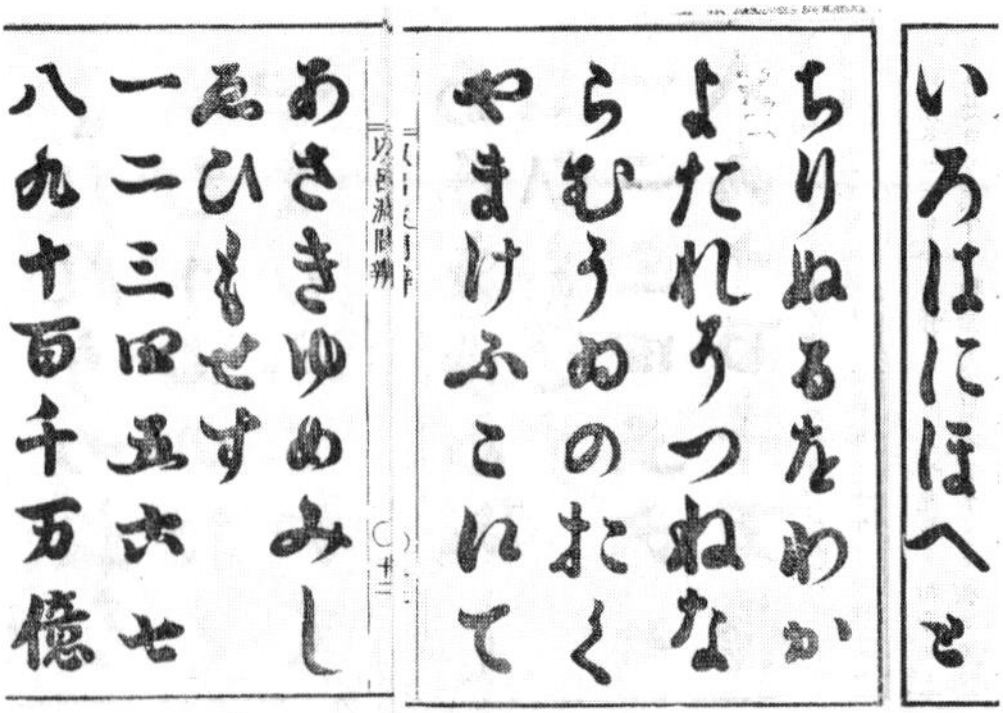

図●諦忍『以呂波問弁』宝暦14（1764）年

名を習うときの手本として使われるようになりました。それでやがて、いろは歌だけでなく平仮名までも、空海が作った、と信じられるようになったのです。その理由には、空海が中国人さえ舌を巻いた書の名人としても知られていることが関わっているに違いありません。

ちなみに、片仮名のほうは、やはり江戸時代まで、吉備真備《きびのまきび》という奈良時代の学者が作者と考えられていました。この人も、遣唐使として中国に渡り、その才智で中国人を驚かせたという様々な伝説を持っている人です。

女性が作ったとは考えづらい

さて、平仮名を作ったのが個人ではないと

して、どういう人「たち」が平仮名を作ったのでしょう。

平仮名というと、女性の文字のイメージがありますが、誕生したての頃の平仮名の資料で、明らかに女性が書いた、という証拠があるものは一つもありません。平仮名に女性のイメージが付いたのは、平仮名が文字として成熟してからのち、女性、特に宮中に仕える女房と呼ばれた人たちによって、日記や随筆や物語といった平仮名で書かれた文学が花開いたためでしょう。でも、それは平仮名そのものの誕生とは別の話です。

いっぽうで、初期の平仮名の資料には、男性が書いたことが明らかなものはいくつか存在しています。「有年申文《ありとしもうしぶみ》」と呼ばれている資料はその一つです。

これは、現在は東京国立博物館に所蔵されていて、書かれた年代が明らかなものでは最も古い平仮名の資料でもあります。讃岐介という職（今で言えば香川県の副知事でしょうか）にあった藤原有年という男性貴族が、貞観９（８６７）年に書いたもので、漢文の中に平仮名が交ぜられています。

その他にも、円珍（８１４年生〜８９１年没）という僧侶が最晩年、病床で書いた手紙「円珍病中言上状」（園城寺蔵）の末尾にも平仮名を交ぜて書かれた文が見えます。

平仮名というと、もう一つ、漢字や漢文が書けないような人たちの文字、というイメージもあるかと思います。後の時代の平仮名についてはそういった側面もなくはないのですが、平仮名を生み出したのがそういった人々であったとは、やはり言えません。

誕生したての時期の平仮名の使い手たちを見ると、藤原有年は、トップクラスとは言えませんが、いわば実務官僚ですし、円珍に至っては、平安時代の天台宗を代表する高僧の一人です。むしろ、漢字を使いこなせないような人たちに、漢字から独自の文字を生み出すことが出来たと考える方が不自然でしょう。

平仮名は「消費される文字」だった

平安時代の平仮名の使い方には一つの特徴があります。それは、平仮名の文書には、基本的に書いた年月日が記されない、ということです。書き手の名前が記されないことも普通です。

漢文で書かれた文書では、そういうことはありません。「有年申文」の年号が分かっているのは、この文書が、漢文で書かれた文書の添え書きのようになっていて、本体に当たる漢文の文書に年月日が書かれているからです。

漢文の文書が、いつ誰が書いたのかを明らかにして、後々の証文となるように配慮されているのに対して、平仮名で書かれたものは、そういった配慮の必要がないような、たとえば私的なやりとりなどに使われたのだと考えられます。誕生したての平仮名は、そのように、後々まで証拠として取っておく必要のないところで使われていたと考えられます。ですので、現在まで伝わる資料は極めて稀なのです。

２０１２年に、京都の藤原良相《ふじわらのよしみ》邸跡という遺跡（９世紀）から、宴会などに使われて廃棄されたと思われる土器に、墨で平仮名が書かれたものが数多く出土したことが明らかになりました。平仮名は初め、そういう「消費される文字」だったのです。

まとめますと、平仮名を初めに作ったのは、個人ではなく、平安時代9世紀中頃の都にいた、おそらくは男性たちであったと思われます。それも、漢字が書けないような人々ではなく、少なくともそれなりに漢字を使いこなせる人たちの間から、公式でない用途のために発生してきたのだと考えて良いでしょう。

実は、平仮名の誕生以前、万葉仮名の時代にも、誕生したての頃の平仮名と同じような用途の資料、たとえば私的な手紙（正倉院文書の中の万葉仮名文書）や土器の落書き（飛鳥京跡苑池遺構出土の刻書土器）がありました。そうしたものがやがて平仮名に変わっていったのだと思われます。

その時期がなぜ9世紀中頃だったのか、その正確な答えは今後の研究に求められていますが、木簡が文字を書くための媒体として多く使われていた時代から、なめらかな運筆に木よりも適する紙がもっと普通に使われるようになった時代へと移行したことが、関係しているかもしれません。

辞書に載っていない漢字は間違ったものなのでしょうか

回答＝笹原宏之

辞書にない漢字のバリエーション

確かに、ふだん使っている漢字の中には、辞書で探しても見つからないものがあります。その一つが、書いた人が正しい字だと思い込んでいるもので、「常用漢字表」などによる国語施策や、字源についての学説などと一致しない誤字です。例えば、「初」の衣偏《ころもへん》を「ネ」のように書く人や、「落」をさんずいに「茖」と書く人がいますが、これらはまず国語辞典の見出し表記や漢和辞典の親字には採用されません。

一方、「第」を「㐧」とするように、狭いスペースに急いで書き込む時などに故意に省略した字体が用いられることがあります。公的に定められた「正字」があることを前提として、社会的な習慣として一部で行われているそのほかの字体は、俗字、略字、書写体などと呼ばれます。「曜」の「旺」、「酒」の「酒」も同様で、戦前から使われています。

映画館で目にする洋画の字幕には、フィルムに焼き付ける際に小さな字が白くつぶれてしまわないように、やむなく「軎」(撃)のたぐいの俗字、略字が用いられることがありました。

パソコンや携帯電話の画面などで見られる、点の集合からなるドット文字にも、線を間引いた「鷹」(鷹《たか》)のような字形が見られますが、これも正しい形でないと知りながら、点(ドット)の数の不足により意図的に形が変えられたものです。これらも、ほとんど辞書に登録されません。

また、文字自体が実在するにもかかわらず、辞書に掲載されていないケースがあります。日本の例、つまり日本製漢字(国字)を挙げると、「𣏐《くるみ》」は地名に今でも使われています。「五月女」を合わせた「腰《さおとめ》」も姓に今なお伝えられています。国字は、中国に典拠がないからといって誤りとみなす学者もかつてはいましたが、現在では書籍や戸籍、住民基本台帳、土地台帳などでの使用の蓄積によって、その存在が認められるようになってきました。

古文書などに書かれた「𩗗《ふぶき》」や、宮沢賢治の詩稿に見られる「鏡鏡鏡鏡」(読みは「かがみ」だと考えられています)も、表現意図が込められた造字であり、このたぐいは過去から現在に至るまで文献上にいくつも見つけられます。

俗字、略字、書写体などと呼ばれている漢字の例

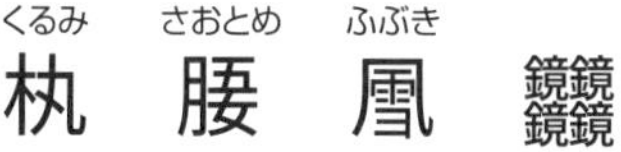

国字、造字として実在する漢字の例

続けて、漢字の使い方にも触れておきましょう。「混《こ》む」という文字列を見たことのある人は多いと思いますが、中国古典にも常用漢字表にもない用法であるため、多くの漢和辞典には「混」の字にこの訓も意味も示されていませんでした。2010年になって、常用漢字の訓読みとして追認されたものです。

また、書籍、雑誌や若者の携帯メール等に「凹《へこ》んだ」（気分が落ち込んだ時にも使う）が使われていますが、例えば『大漢和辞典』では「凹」には「くぼむ」という訓しかありません。漢和辞典にも「へこむ」を収録するものが徐々に現れましたが、一方で国語辞典では、一例として『広辞苑』を見ると初版からすでに「へこむ」にこの表記が掲げられているように、互いに扱いに違いが見られます。「お腹《なか》」もよく見かける表記ですが、漢和辞典や国語辞典で「腹」に「なか」の読みを認めたものはまだ少ないようです。

正誤意識の移ろいに対応しきれていないことも

辞書というものは、こうあるべきという規範を示す役割と、社会でこうなっているという一般化した実態を記述する役割を併せ持っていますが、漢字に関しては後者の記述に十分でない面が見られます。

例えば、「シツ・しかる」という音訓をもつ漢字は、漢和辞典によれば口偏《くちへん》に「七」と書くのが字源に沿った本来の字体で、「叱（旁《つくり》は匕）」は別の字とするものさえありますが、現実には「化」などから類推できる「叱（旁は匕）」の方が多く使われているようです。辞書が現代日本の慣用に対応していない例でした。これは２０１０年に常用漢字に追加され、「叱（旁は匕）」と「叱（旁は七）」とはデザインの差にすぎなくなり、辞書も対応し始めています。

また実は、漢和辞典はあえて、あるいは気付かずに、誤字を載せることがあります。「譌字《かじ》」などと称する過去の誤字や、ＪＩＳ第２水準[*1]に間違って採用されてしまった誤字

（例えば「鷹」が地名につく場所に見られる、現地資料での誤字である「軅」）などです。この文献の字は誤字であると注意を喚起する目的で辞典に載せたり、あるいは誤字と気付かずに載せてしまったりすることもあるのです。

漢字も、それに対する人々の意識も、時代とともに変化します。漢字として、何が正しく、何が誤りかという基準や根拠は、国や地域、社会や個人によっても異なることがあります。音声、音韻に比べると、固定的なイメージが抱かれがちな漢字ですが、実際には人為的な改変が加えられやすい対象であり、個々の字について何をもって正しいものとするかは、辞書によっても判断が分かれます。一冊の辞書ですぐに正誤の判断を下すのではなく、さらに複数の辞書に当たってみて、それらを材料として、考えてみるのがよいのではないでしょうか。

＊1―電子機器で用いる文字の規格「ＪＩＳ Ｘ ０２０８」で定められた漢字の中で、使用頻度が低めの地名・人名などに用いられる３３９０字のこと。

＊笹原宏之（２０１７）『謎の漢字』中央公論新社、同（２０２３）『方言漢字事典』研究社

＊漢字にまつわるいろいろ「稀少地名漢字リスト」(http://pyrite.s54.xrea.com/timei/)

目と耳の両方に障害がある人は文字が見えず、音も聞こえないなかでどのようにコミュニケーションをとっていますか

回答＝落合哉人

障害の重さと生じた時期に応じた手段がある

視覚と聴覚の両方に障害[*1]がある状態のことを総称して「盲ろう」と呼びます。全国盲ろう者協会が２０１２年に実施した調査[*2]によれば、日本においてそのような状態にある人（＝盲ろう者）は少なくとも１万４０００人ほどいるとされ、コミュニケーションや移動、情報の入手といった観点でさまざまな困難が生じている（または、生じていた）ことが想定されます。

盲ろうには、前の段落で「総称して」という言葉を用いた通り、下位分類が存在します。たとえば、視覚と聴覚それぞれの障害の重さを基準とした場合、表１に示す通り、「全盲ろう」「全盲難聴」「弱視ろう」「弱視難聴」という４つの分類を立てることができます（「見えにくい」「聞こえにくい」段階も盲ろうに含まれるのは、一方の感覚の喪失をもう

	まったく見えない	見えにくい
まったく聞こえない	全盲ろう	弱視ろう
聞こえにくい	全盲難聴	弱視難聴

表1●障害の重さを基準とした盲ろうの分類

		視覚障害	
		先天的（乳幼児期以前）	後天的
聴覚障害	先天的	先天的盲ろう	ろうベース盲ろう
	後天的	盲ベース盲ろう	成人期盲ろう

表2●障害が生じた時期を基準とした盲ろうの分類

一方の感覚で補いにくい点で共通した困難があるためです）。

また、目と耳それぞれの障害が生じた時期を基準とした場合、表2に示す通り、「先天的盲ろう」「盲ベース盲ろう」「ろうベース盲ろう」「成人期盲ろう」という4つの分類を立てることができます。

以上のように盲ろうの特性を細かく分けるひとつの理由として、盲ろう者が用いるコミュニケーション手段は特性に応じて変わってくることが挙げられます。

たとえば、弱視ろうやろうベース盲ろうの場合、手話を使える人が多いことから、相手の手を直接触って言葉を読み取る「触手話」（図1）や、見え方に合わせて相手との距離・

手が動く範囲等を調整する「弱視手話」（図２）といった手段が使われることがあります。

同様に、盲ベース盲ろうや成人期盲ろうの場合、点字や墨字（＝アルファベットや平仮名といった点字以外の文字）を使える人が多いことから、手のひらに文字を書く「手書き文字」（図３）、点字タイプライター等の道具を用いた「点字筆記」（図４）、点字の６つの点を両手の人差し指・中指・薬指に当てはめて相手の指の上に打つ「指点字」（図５）といった手段が用いられることがあります。

さらに、全盲難聴や弱視難聴の場合、聞こえにくさと対応して音量や抑揚、速さを調節した「音声」が用いられることが多いと言えます。

言外のニュアンスを伝えるさまざまな工夫

ところで、盲ろう者が用いる大まかなコミュニケーション手段は以上の通りですが、国内外の研究では、実際にそれぞれの手段を用いて会話が行われる際、どのような工夫が生じるか、ということも実態の把握が進められています。

たとえば、スウェーデンの研究では、触手話を用いる盲ろう者が会話を行う際、手の垂直的な高さと水平的な位置を巧みに調節することで、まだ話し続けたいという意思を示し

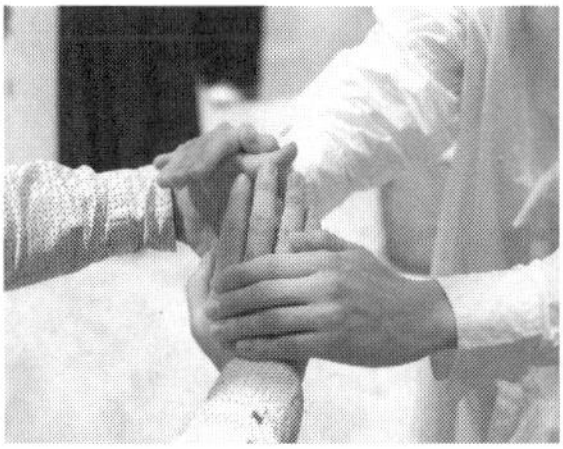

図1●触手話

図2●弱視手話

図3●手書き文字

図4●点字筆記

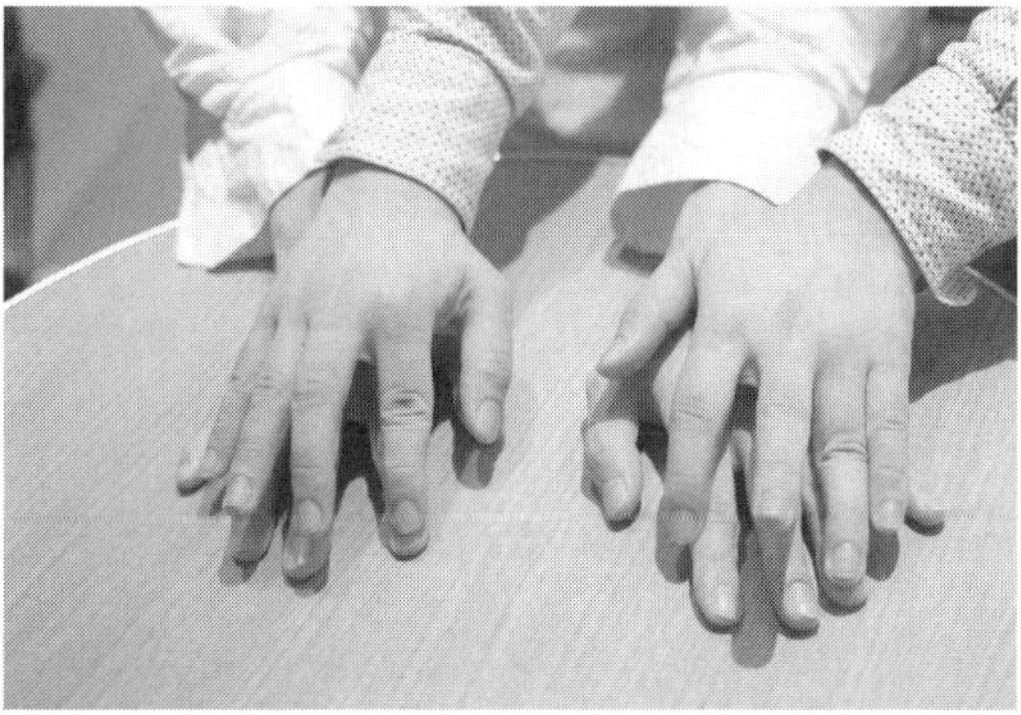

図5●指点字

*図2と図4は、NPO法人東京盲ろう者友の会（2019）「知ってください 盲ろうについて」（パンフレット）を出典とするものです。この記事の執筆にあたって東京盲ろう者友の会から使用の許諾を得ました。

たり、相手に話すよう促したりすることが報告されています。

そのような工夫は、盲ろうではない人々が会話において、イントネーションや表情、視線等によって次に口を開く（または、手話を示す）タイミングを調節できることと対応していると言えるでしょう。

同様に、筆者らの研究グループでも近年、指点字を用いる盲ろう者が関わる会話について調査・分析を進めています。

指点字は、日本の盲ろう者である福島智氏（東京大学特任教授）とその母である福島令子氏によって１９８０年代に考案されたコミュニケーション手段であり、主に日本の盲ろう者によって利用されています。

筆者らの研究では、指点字を用いる盲ろう者同士の会話において、単に言葉を伝える（打つ）動作に加えて、指を左右に揺さぶる動作も行うことで、「今、私は面白いことを言いましたよ」という態度を示していることを報告しました。

また、そのような方法は、盲ろうではない人々が表情や声で伝える笑いに相当するものであり、からかいに対する返事等、何を言ったかとどのような態度で言ったかを別々に伝えたい場面（たとえば、言葉の上では真剣に対応しつつ、それが本心からではないことを笑って伝えるときってありますよね。）や、特定の話題について強い関心を持っていることを伝えたい場面で効果的に利用されていることを明らかにしました。

このように、盲ろう者のコミュニケーション手段及び、実際にその手段を用いる際の取り組みは、障害の特性や居住地域、個人によってさまざまですが、いずれも盲ろうではない人々が行うコミュニケーションと、まったく切り離されたものではないと言えます。

＊1―この記事では、福島智先生から「障害は個人の問題ではなく、社会の問題であるのだから、『害』の字を避けることは社会問題から目を背けることにほかならない」という助言を受けたことに基づき、敢えて「障害」という表記を用いることとします。

＊2―社会福祉法人全国盲ろう者協会（２０１３）『厚生労働省平成24年度障害者総合福祉推進事業　盲ろう者に関する実態調査報告書』(https://www.mhlw.go.jp/seisakunitsuite/bunya/hukushi_kaigo/shougaishahukushi/cyousajigyou/sougoufukushi/dl/h24_seikabutsu-02a.pdf)

＊落合哉人・坊農真弓（２０２１）「指点字会話における「揺さぶり」―盲ろう者はいかにして自らの感情的態度を示すか―」『社会言語科学』24巻1号、pp.67-82、社会言語科学会

＊Mesch, Johanna (2001) *Tactile Sign Language: Turn taking and question in signed conversations of deaf-blind people*. Hamburg: Signum.

第4章 そろそろ決着をつけたい日本語

「稲妻」は「いなずま」ではなく「いなづま」ではないでしょうか

回答＝宇佐美　洋

原則として表記に「づ」「ぢ」は使わない

現代日本語のほとんどの方言では「ず」と「づ」、「じ」と「ぢ」は完全に同音です。したがって表記の際には、原則として「ず」「じ」を使用し、「づ」「ぢ」は使わないことになっています。昭和61（1986）年の「現代仮名遣い」に関する内閣告示第1号（文化庁ウェブページから参照可）によれば、「稲妻」もこの原則に従って「いなずま」と書く、とされています。

一方、「つ」「ち」で始まる語の前に別の語が付いて新しい語を作る際、「連濁」（2語目の最初の清音が濁音化すること）が起こる場合には、元の語の表記を生かし「づ」「ぢ」を使用することになっています。例えば、

「一本」＋「釣り（つり）」↓「いっぽんづり」

「鼻」＋「血（ち）」↓「はなぢ」

などがその例です。

「稲妻」は、語源を考えるとこれらと同類であるといえなくもありません。日本には古来、「稲と雷とが交わることで稲穂が実る」という考え方がありました。文字どおり、「稲《いね》」の「妻《つま》」だから「いなづま」なのです。そうすると「いなづま」と書いた方がいいという考え方も、理由がないことではありません。

判断基準は「語構成の明瞭《めいりょう》さ」

では、「一本釣り」は「いっぽんづり」なのに、「稲妻」は「いなずま」となっているのはなぜでしょうか。それは、現代日本語として「語構成」がどの程度はっきりしているか、という判断によります。

「一本釣り」は「一本ずつ釣ること」、「鼻血」は「鼻から出る血」のことです。ですから「いっぽんづり」を「いっぽん＋つり」に、「はなぢ」を「はな＋ち」に分解することは非常にたやすいことです。このような語の場合、「語構成」は極めて明瞭である、ということができます。

一方「稲妻」はどうでしょう。「稲と雷とが交わることで稲穂が実る」という古い信仰は、現代の日本人にとって決してなじみの深いものではありません。特別な知識がなければ、「稲妻」の「稲」と「妻」がどういう関係にあるのか、非常に分かりにくいのではないでしょうか。

こういう場合、「いね＋つま」という語構成は必ずしも明瞭であるとはいえません。そこでこれ全体で不可分の1語と考え、冒頭に挙げた原則どおり「ず」を用いて「いなずま」と表記することにしているのです。

しかしこのようにいうと、「いや、自分にとって『稲妻』が『いね＋つま』であることは、漢字表記からいって明らかなことで、『いなずま』という表記にはどうしても違和感がある」という反論もあることでしょう。

それはまさにもっともな反論です。そもそも、「語構成が明瞭かどうか」という判断自体、幅のあるものですので、「明瞭か不明瞭か」という一線がきっちりと引けるものではありません。「語源」をどの程度重視すべきか、という考え方も、人によって大きく異なることでしょう。

このように、「いなずま」・「いなづま」、いずれの表記にもそれなりの理があり、どちらがより正しいとはいえません。ことばは、常にたった一つの正しい形が決まっている（誰かが決めてくれている）というわけでは決してないのです。

実は内閣告示でも、「稲妻」は「いなずま」と書くのを本則としながらも、「いなづま」と「書くこともできるものとする」と明記されています。このような語にはほかに、「さかずき↑酒（さけ）＋杯（つき）」「くんずほぐれつ↑くみつほぐれつ」などがあります。「さかずき／さかづき」「くんずほぐれつ／くんづほぐれつ」、いずれの表記も誤りではありません。

学校のクラスは「くみ」ですか、「ぐみ」ですか

回答＝南浦涼介

息子の疑問がSNSで大バズり

朝、小１の息子が私に、「ねえねえ、小学校って変なんだよ」と話しかけた。

「何が？」と私。「だってさ、保育園のときは、『ももぐみ』とか『たんぽぽぐみ』とか、『ぐみ』って言うじゃん。でも、小学校は『いちくみ』『にくみ』って『くみ』なんだよ」と息子が言う。それはね、と私は得意げに話そうとしてハタと困った。一瞬なんとなく、前の音に影響されて清濁が決まるのだと思ったのだ。しかし同じ「な」であるにもかかわらず、「７」は「ななくみ」と濁らないが、「はな」ならば「はなぐみ」と濁る。たしかに……なぜだろう、説明ができない。

ちょっとおもしろかったので、自分のTwitter（現X）のアカウントに書いてみた。

そしてバズったのだ。最終的に「８３０００いいね」がついた（画像では８２０００に

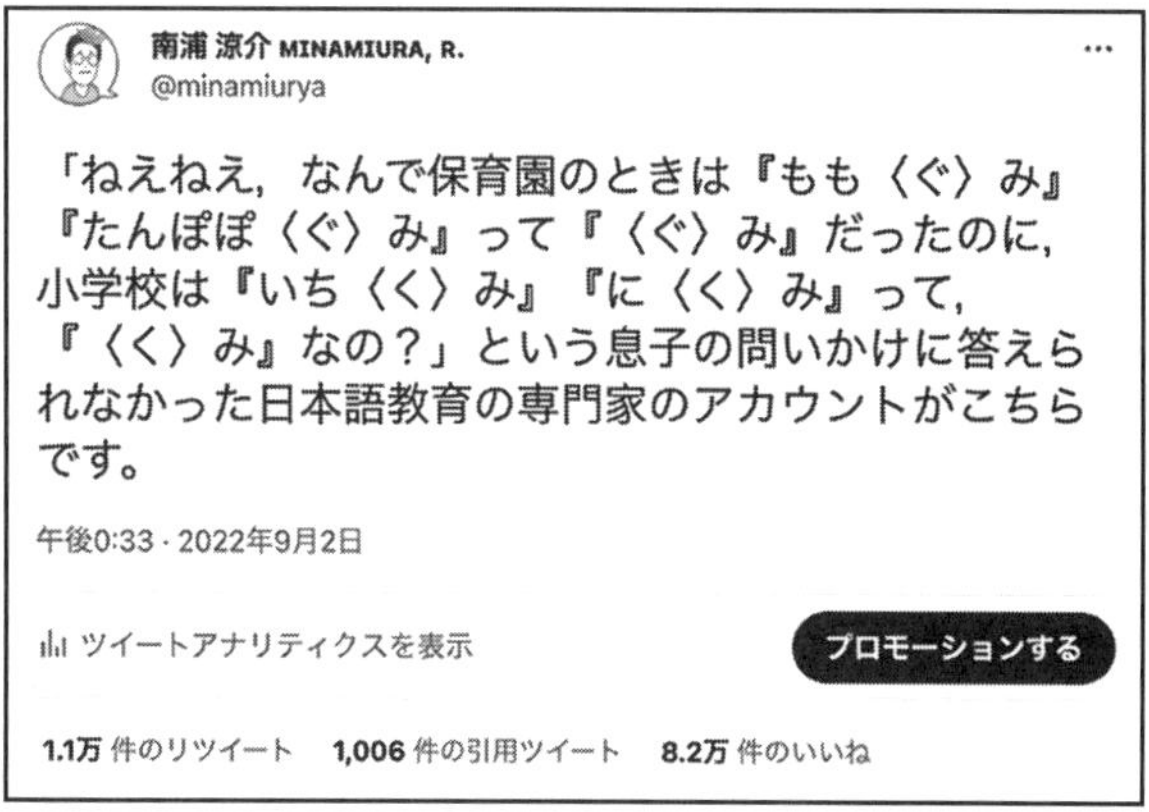

なっている）。いくつかコメントを見てみたい。

・失礼します。アルファベットもＡ組（ぐみ）Ｂ組（ぐみ）なんですが、宝くじはＡ組（くみ）…ひらがなも「め組（ぐみ）」ですね。

と、アルファベットにすると「くみ」の場合も「ぐみ」の場合もあるという現象の報告。

・幼稚園の頃と、中高がアルファベットだったんですが、ＡくみＢくみと言っていました！　でもあれですね、金八先生は３ねーんＢぐみーって言ってますね…　個人的に

A～Eは「ぐみ」でもしっくりくるんですが、F以降は「くみ」じゃないとなんだか変な感じがします…不思議…

金八先生は「ぐみ」だったということを思い出す人も。

またしばらくすると「ぐみ」になるのは「複合語」（本来別のものである二つ以上の単語が結合して、別の一つの単語となったもの）だからではないのか、という視点が生まれる。

・他の方もおっしゃってますが、助数詞としての「組」のときに「くみ」、が正解っぽそうですね。助数詞のときの「くみ」は尻下がりに発音されて、それ以外は複合語として扱われるから尻上がりに発音されて自然と「～ぐみ」になる。

なお、助数詞は数を表す語の後に添える語のこと。1台、2枚、3本……など。

しかし、そうして話がまとまりそうになった瞬間に、

・数字でも千、万、億、…の後に続いたらぐみになりそうですね

と、数字でも大きな数になると「ぐみ」になることが見られるという話が提示。

このように、考えが浮かんでは新たな反証が入り、という形が取られて新たな参加者を生みながらゆるやかに議論が進んでいった。

学校の制度が連濁を生み出す？

さて、こうした議論の中で、（専門家の意見のツイートもふまえて）見えてきたことがある。この話の根底にあるのは「連濁」の話である。前述のツイートの中にも出てきたが、つまり、本来二つの語であったものが結合して一つの語となると、結合した後ろ側の語の最初の音が濁音化するというものである。だからもともとの「ももぐみ」という保育園の名称は「もも＋くみ」で一つの語になり、「ぐみ」になるのだ。

しかし残るのは、「①数字だと『くみ』になるのはなぜ？」という問いと、「②数字でもアルファベットでも場合によっては『ぐみ』になることがあるのはなぜ⁉」という疑問である。

ここで考えてみると、①については、「学級」の場合、「クラス数を数える」という発想が生まれやすいのではないだろうか。つまり、「1組」「2組」の数字はあくまで「数える」という「数詞」意識が働くために「名詞の複合」という発想になりにくいということである。小学校の場合、保育園と違ってより鮮明に「学級」の上に「学年」という要素が入る。そのため「1年生の第1学級（1年1組）」「1年生の第2学級（1年2組）」と「数える」に重きが置かれやすい。

ところが保育園のような「ももぐみ」「たんぽぽぐみ」の場合は数字でクラスが作られていない。そのため、もともと「数え」の発想が働きにくいのだろう。保育園も学年の発想はある。しかし幼児教育、就学前教育の文化と目的から、系統的な管理の発想が弱く、結果的にそのクラスを単体で扱う発想との親和性が高い。

すると、②の謎も解けてくる。つまりアルファベットの場合も「数える」行為で捉えられやすい場合は「A組」「B組」も「くみ」となるのではないだろうか。宝くじが「くみ」となるのは明らかにそこには「数える」行為が入っているためで、二つの語は結合していないのだ（ちなみに「万」「億」が「ぐみ」になりやすいのは、ここには「数える」よりも単に「大きい数」という意味がとられやすいため、結合して連濁するのだろう）。

「2年A組」の場合はどうだろうか。この場合はやはり「くみ」となることが多そうだ。

しかし金八先生は「Ｂ組（ぐみ）」だ。

恐らく金八先生の場合「Ｂ組」しかフォーカスがあたらず、他のクラスを数えたり意識したりすることが希薄なのではないだろうか。金八先生においては「Ａ組（ぐみ）」「Ｂ組（ぐみ）」と続けて言うことがあっても、「Ｂ組」における個別クラスの物語が主軸であって、学校における管理の発想としての「クラスを数える」意識は薄いのかもしれない。

こうしたことから、金八先生の場合は、基本的にはクラスの序列性よりも個別性に視点が置かれた「Ｂ組（ぐみ）」なのでは……とも考えたが、これは言い過ぎだろうか。連濁の問題だけでなく、ここには学校の制度や文化、クラスの捉え方や位置づけ方の問題が入り込んでいる。

ともすると「炎上」ばかりが話題になるＳＮＳ。しかしこういうふうにみんなが一生懸命考察を展開するのは美しく、熱い。ねがわくば、見知らぬ多くの人たちが、互恵的に探究しあっていく世界が今後もありますよう。

「ムショ帰り」の「ムショ」は「刑務所」の略ではないというのは本当ですか

回答＝新野直哉

「ムショ」は「刑務所」よりも前からあった

刑事もののドラマや映画などで、「あいつはムショ帰りだ」「ムショに3年行った」といったセリフがよく使われます。

この「ムショ」の語源は何か、と言われたら、「そんなの『ケイムショ（刑務所）』の略に決まってるじゃないか」と思う人が多いのではないでしょうか。しかし『日本国語大辞典』第二版（小学館）には次のようにあります。

むしょ【虫・六四】〔名〕（「むしよせば（虫寄場）」の略「むしよ」の変化した語）監獄のことをいう、盗人仲間の隠語。〔隠語輯覧〔１９１５〕〕

さらに「補注」として次のように述べています。

「刑務所」の略と解されることもあるが、「監獄」を「刑務所」と改称したのは大正一一年（一九二二）で、この語はそれ以前から使われていた。

ここに見られる『隠語輯覧《いんごしゅうらん》』という本は京都府警察部が発行したものですが、そこには確かに

むしょ
監獄—類語「むしよせば」ノ略

とあります。「ムショ」は本来「刑務所」の略ではなかったのです。

しかし、そのような語源解釈はかなり早くからあったようで、昭和10（1935）年に警察協会大阪支部が発行した『隠語構成様式並に其語集』の「むしよ」の項には、次のように指摘されています。

> 刑務所。「むしよせば」の略にして、刑務所の省略に非ず　刑務所のことを「むしよ」といへるはずつと以前から生ぜり　「むしよ」を刑務所の省略と誤信する者は、非常な誤りである

そして、『隠語輯覧』『隠語構成様式並に其語集』ともに、「むしよせば」は「六四寄場」で、監獄の食事の飯は麦と米が六対四の割合であることに由来するとしています（『日本国語大辞典』のように「虫寄場」を由来とする説もあります）。

ただ、このような「むしよせば」から「ムショ」が生まれたという説に対し、飯間浩明[*1]は、江戸時代の浄瑠璃《じょうるり》に牢屋を「ムシ」と呼んだ例があることから、この「ムシ」が「ムショ」に変化したと考えるほうが自然だ、と述べています。

いずれにせよ、「ムショ」の語源が「刑務所」ではないことは明らかです。

ですが、今から1世紀以上前に刊行された『隠語輯覧』に載っている隠語は、「ホシ」（容疑者）や「デカ」（刑事。この語は、当時の私服巡査が角袖《かくそで》の和服を着ていたことから「かくそで」→「でかくそ」→「でか」という過程を経て生まれたと言われています）な

ど少数を除けば、我々にはなじみのないものです。

その中で「ムショ」が現在に至るまで使われ続けてきた背景には、これを「刑務所」という一般に知られた名称の略語だと考える語源意識があったことも確かです。

〝語源俗解〟されがちな「スイート・ルーム」

この「ムショ」のように、ある語の語源を本来の語源とは違うように解釈してしまうことを、言語学では「民間語源（説）」「語源俗解」などと呼びます。

子供が「カレーライス」は「辛《かれ》えライス」なのだと思ったり、「パンケーキ」は「パンみたいなケーキ」なのだと思ったりするのも、その一種です。ちなみに「パンケーキ」は本来、〈パン（フライパンのような底の平らな鍋のこと）で焼いたケーキ〉という意味です。

ホテルの「スイート・ルーム」も〝語源俗解〟されがちな語です。この「スイート」を〈甘い〉の意味の sweet だと思っている人は多いのではないでしょうか。

「スイート・ルーム」は本来の英語では sweet-room ではなく suite-room とつづります。このsuite とは〈ひと続きの〉という意味です。寝室と居間など、二つ以上の部屋がひと

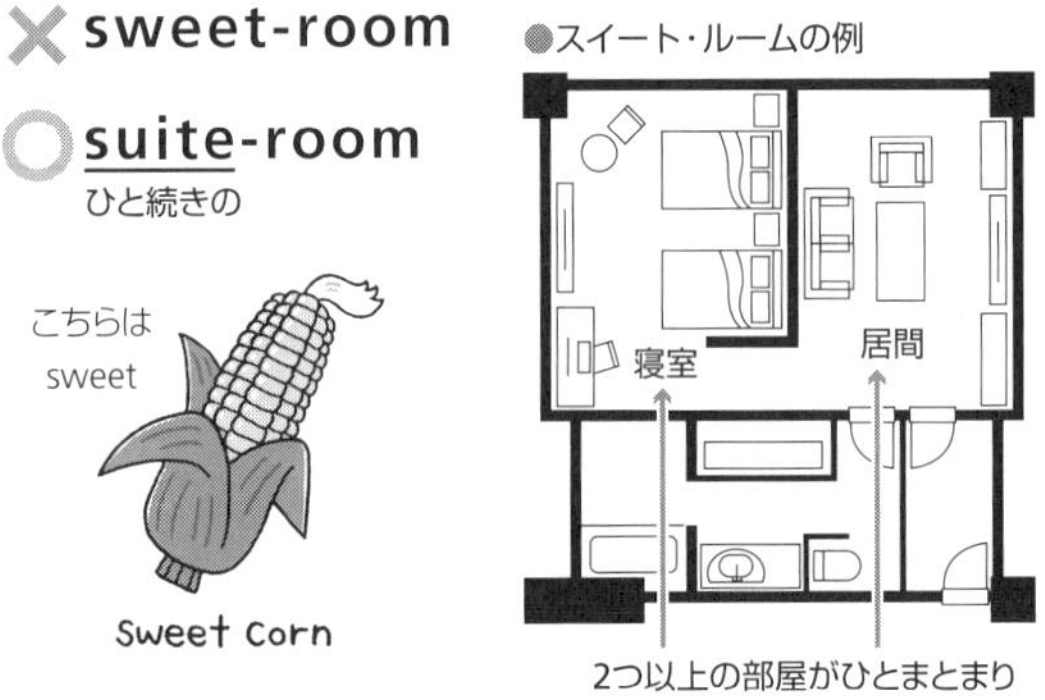

図●スイート・ルームとは?

まとまりになっているタイプの客室を指します。

　これが sweet-room と解釈されてしまう背景には、外来語として使われる「スイート」は「スイート・ポテト」「スイート・コーン」「スイート・ホーム」など sweet である場合が多いこと、さらに新婚旅行などでカップルがよく泊まることが考えられます（なお sweet と suite は英語でも発音は同じです）。

「スイート・ルーム」が〈甘い・部屋〉でないことも、「ムショ」が「刑務所」の略でないことも、大型の国語辞典をいくつか調べればわかります。

語源というものを考えるにあたっては、た

とえ「これが語源だろう」とすぐ思いつくような語であっても、とりあえず辞典を、できれば語源辞典や隠語辞典のような特殊な辞典を引いてみる、ということをお勧めします。

＊1―飯間浩明（2017）「ムショ」（ウェブマガジン「考える人」連載「分け入っても分け入っても日本語」）(https://kangaeruhito.jp/article/3588)
＊松井栄一・渡辺友左監修（1996）『隠語辞典集成 2』大空社。『隠語輯覧』が収録されています。
＊松井栄一・渡辺友左監修（1996）『隠語辞典集成 8』大空社。『隠語構成様式並に其語集』が収録されています。

「いちかばちか」は「一か罰か」と書く説もあるのですか

回答＝山田貞雄

語源は「丁半」なのか「ぴんころがし」なのか

この慣用句には二通りの解釈があります。

一つは、賭博《とばく》の「丁半」からきているとする説です。「丁（偶数）」か「半（奇数）」かを賭《か》けることから、「丁」の第一画の「一」と「半」の旧字体「半」の第一・二画の字形「八」のことだ、という説です。文字の省略としては有り得ることです。ただし、この説では、なぜ清音「ハチ」ではなく濁音「バチ」なのか、不明です。

もう一つは、さいころ賭博で「ぴんころがし」という賭け事があります。賽《さい》を順に振って「一（ぴん）」の目が出たら、その目が出るまで他《ほか》の人が賭けつづけ累積した札全部をとることができることから、「一」の目か、それ以外の目か、という意味だという説です。「一」以外の目を「ばち」というのは「罰」のことで、「罰」の慣用音（日本の漢字音の

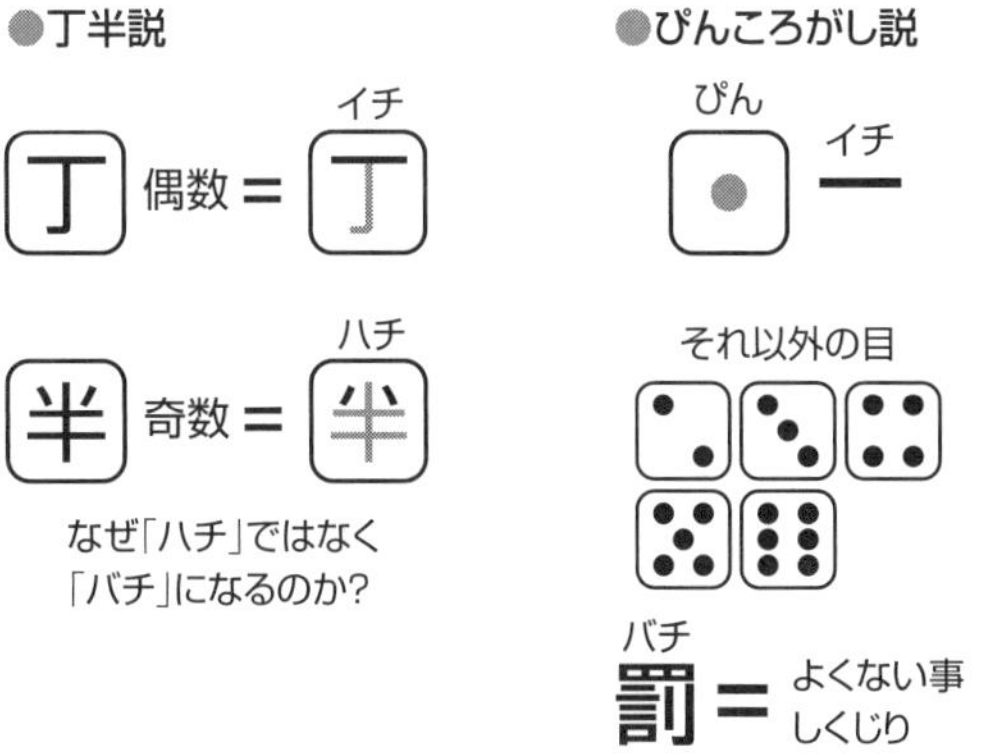

うち、中国の漢字音にちかい漢音や呉音《ごおん》、唐《とう》音《おん》ではないが一般的なもの）「バチ」と考えられます。つまり「悪いことをした報い・たたり」という意味で、「よくない事・しくじり」をあらわしていると思われます。

たしかに、日本語では「八」の漢字には濁音で始まる音読み（日本漢字音）はありません。さらに中国や日本では古来「八」にはむしろめでたい意味やありがたい語感を抱いてきているので、この最良の「一」以外のものを「八」という漢数字で書き表すのは不自然のようです。

ただし、これらの説のどちらが正しいのか、どちらか一方が間違っているのかどうか、を断言するためには証明の材料が足りません。

むしろこれらの説を言い伝えてきた、という伝承、つまり「ことば」の文化の問題ということになりそうです。実際に、近世の浄瑠璃《じょうるり》などでは、漢字の表記として「八」も「罰」も両方使われています。

「ぴんからきりまで」「うんともすんとも」はカルタと縁が深い

さて、「いちかばちか」に似た「ぴんからきりまで」は安土桃山時代に西洋文化の影響を受けた「天正カルタ」がその由来であるといわれています。

「ぴん」は、もともと「点」を意味するポルトガル語「pinta」で、カルタの一をあらわすという説が定説になっています。[*1]『言海』では「一点ノ意ナル西班牙《スペイン・イスパニヤ》語 Punto（英語 Point）の転訛ナラム」と、もとになった外国語に関する言及が見られ、その説が発展したようです。国語辞書『俚言《りげん》集覧』の増補改訂（明治33年）版でも「カルタ又ハ双六ノ目ナド一ヲイフ」としています。

一方、「きり」についても同じく「十字架」を意味するポルトガル語「cruz」の訛《なま》りだという説があります。[*2]

また、「きり」に関して江戸中期の百科事典『和漢三才図会《わかんさんさいずえ》』では、カルタの十二番目

図●復元天正カルタ
左が「きり」、右が「ぴん」。
大牟田市立三池カルタ・歴史資料館所蔵。

の札の名が「岐利《きり》」という「蛮語」（西洋の未知の語）だとしています。一方、江戸後期の国語辞書『和訓栞《わくんのしおり》』では、「きり」は十の数に関連のある外来語だ、という記述があります。

では実際はどうなっているのか確認してみると、天正カルタでは、トランプの王にあたる絵札「きり」は、一から九までの数字につづく絵札の三番目で、全体の十二番目にあたり、数の「十」には直接あてはまりません。

むしろ日本語の「区切り・極限」の意で「切り・限《き》り」なのではないかという説があり、うなずけます[*3]。

ところで、「ぴんからきりまで」が「始めから終わりまで」という意味だったとして、どうして、「最上・上等なものから、最低・下等なものまで」という意味になったのかは、わかりません。カルタ遊びでは数の最小「一」、最大「十二」ともに最強である可能性があるとのこと[4]ですが、実際のカルタの技法上における、札の役目に関係することかも知れません。

おなじカルタ用語から生じた慣用句では、「うんともすんとも（言わない）」があります。これはポルトガル語の「一（ウン）」と「最上（スンム）」をさしているという仮説があり[1]、カルタの技法上も裏付けられています[4]。

このように、語源や由来の問題というのは、「ことば」以外の各分野からの検証が必要な場合があります。逆に言えば、各分野からのアプローチが可能である、とも言えましょう。

＊1―新村出（1923）「賀留多の伝来と流行」『南蛮更紗』改造社

＊2―あらかわそおべえ（1967）『角川外来語辞典』角川書店

＊3―佐竹秀雄「サンピン・ピンキリ」（読売オンライン『物知り百科・ことばのこばこ』1999年7月19日掲載）

＊4―山口吉郎兵衛（1961）『うんすんかるた』リーチ

「結果が出せる」「結果を出せる」のどちらが自然ですか

回答＝佐野真一郎

「が」が自然だが、「を」の傾向が強まっている

結論から言うと、「結果が出せる」の方が自然です。ただし、これは国語・日本語の教科書の「規範」（文法のルール）に従った場合です。つまり、日本語の文法としては「を」ではなく、「が」を使うのが正しいけれども、実際には話し言葉でも書き言葉でも「が」と「を」、どちらの表現も観察されるのです。

試しに、書き言葉の実際の使用例を収録した『現代日本語書き言葉均衡コーパス』を調べると、「結果が出せる」が21件、「結果を出せる」が32件出てきます（2023年10月15日現在）。この結果を見るだけでも、正しいはずの「が」よりも「を」の方が実際には多く使われていることが分かります。

このように、同じことを表すのに複数の表現が存在していることを「言葉のゆれ」と言

います。つまり、「結果が／を出せる」のような、可能形における目的語の格助詞の使い方は、言葉のゆれの状態にあると言えます。「出せる」のほかにも「持てる」「作れる」「味わえる」「楽しめる」「行える」「もらえる」といった可能形において、目的語の格助詞が「を」形になる比率が高くなっています。

実は、この格助詞「が／を」のゆれは可能形に限ったことではなく、他に「～したい」などの願望形、「好き」「嫌い」「分かる」「出来る」「欲しい」のような述語を使う時にも見られます。

日本語では、通常「りんごを食べる」のように、目的語を示す時に格助詞「を」を使いますが、これらの動詞は「が」を使う珍しい例です。つまり、「結果が／を出せる」の現象をもう少し広く捉えると、目的語が格助詞「が」で示されるはずの動詞において、代わりに「を」が使われているという言葉のゆれが現代日本語で見られるとまとめることができます。

言葉のゆれは、世界中の言語に見られるもので、発音に関するもの、文法に関するものなど、これまでに様々な現象が報告されています。これらの共通点として、言葉のゆれは色々な要因の影響を受けるということが言えます。

りんご	を	食べる	がふつうだが……
目的語	格助詞	動詞	

格助詞「が」を使う珍しい動詞

〈可能形〉

結果**が**出せる　花火**が**楽しめる　景品**が**もらえる

〈願望形〉

スケート**が**したい　海**が**見たい

〈述語〉

彼女**が**好き　正解**が**分かる　おもちゃ**が**欲しい

⇨「が」が使えるという特徴があるのに、
「を」が使われる傾向が強まっている。

格助詞「が／を」のゆれについても色々な要因が報告されています。例えば、話者・著者の生年、性別、どのような状況（場面・目的・相手など）で使うか、文法的には「結果**が／を出せる**」と「結果**が／を**しっかり**出せる**」のように、目的語と動詞との距離などによって、「が」が使われやすい、「を」が使われやすいなど現れ方が変わってきます。もちろん、動詞の種類によっても現れ方は変わります。

実は、格助詞のゆれは「が」と「の」の間でも起こっていて（例、太郎が／の買った本）、「が／を」の場合と同じような要因の影響を受けていると言われています[*1]。

更に、格助詞「が／を」のゆれは時間と共

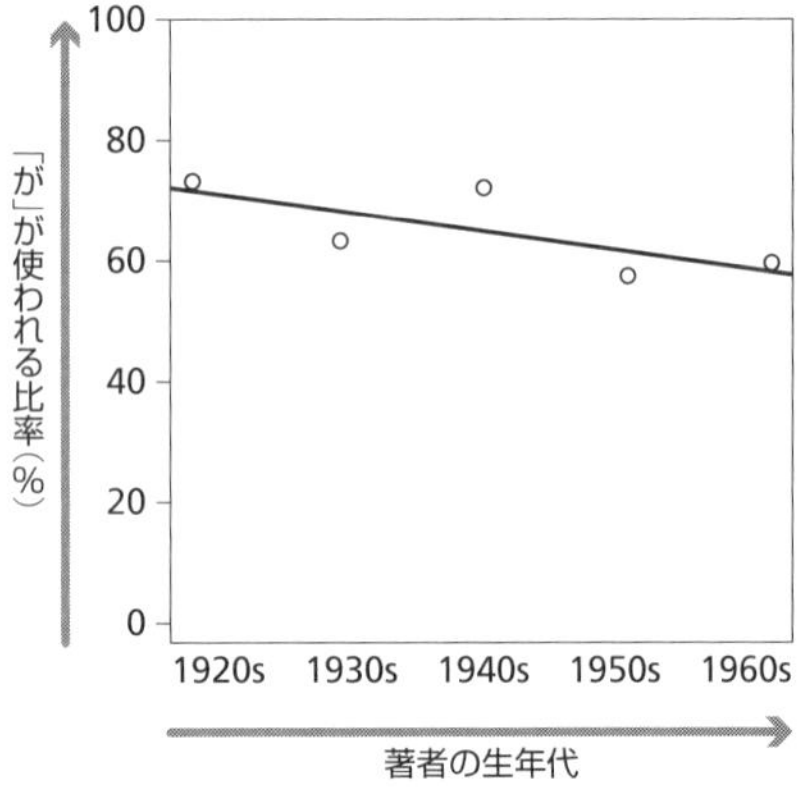

図●『現代日本語書き言葉均衡コーパス』における目的語の格助詞「が／を」のうち「が」が使われる比率と著者の生年代

に変化しています。上の図は、先ほどの『現代日本語書き言葉均衡コーパス』を使って「が」と「を」の使われ方と時間の流れとの関係を表したものです。[*2]

縦軸は「が」が使われる比率（%）、横軸は著者の生年代（右に行くほど若い）を表しています。図を見ると、「が」の比率が右肩下がりになっています。つまり、年が若いほど「が」ではなく、「を」をよく使うという傾向を示しているのです。ですから変化としては、文法的には「が」を使うのが正しいけれども、そうではなく「を」を使うという傾向が、徐々に強まってきていると言えるのです。

このように、色々な要因や条件によって使

われ方は異なりますし、しかもそれが変化しているので、どちらが自然かを決めるのは実はとても難しい問題です。もしかしたら決められないかも知れません。

使われない単語は特徴が失われていく

ではなぜこの格助詞「が／を」のゆれが起こったのでしょうか。実ははっきりとした理由はまだ分かっていないのですが、一つの可能性として以下のようなことが考えられます。言葉の一般的な特徴として、あまり使われない単語はその単語が持っている独自の（珍しい）特徴を失って、よく使われる単語の（よくある）特徴を持つように変化するということがあります。

例えば、英語の動詞は、よく使われる一部の動詞が元々の特徴を保って不規則動詞として残り、それ以外のあまり使われない多くの単語は特徴を失って、共通の語尾変化を示す規則動詞に変化したと言われています。

これは文法だけではなく、発音などにも見られます。日本語（共通語）の名詞アクセントの中で、例えば畑を耕す「鍬」や穀物の「稗」は本来「クワ」や「ヒエ」のように2拍目が高いのですが、最近は「クワ」や「ヒエ」のように1拍目を高く発音する人が増えています。

これらの名詞は、最近の日常生活ではあまり使う機会がないため、元々単語が持っている「2拍目が高い」という特徴を失って、よくある「1拍目が高い」という特徴に変わっていると言われています[*3]。

これを元に格助詞「が／を」のゆれを考えてみると、先ほど説明したように、日本語では目的語の格助詞に「を」を付けることが多く、「が」を付けるのはいくつかの動詞に限られます。そのため、目的語に「が」を付けるという特徴はあまり使われず、結果としてこれが失われて、よくある基本的な「を」を使うように変化していることが考えられます。

＊1―南部智史（２００７）「定量的分析に基づく「が／の」交替再考」『言語研究』１３１、pp.115-149、日本言語学会

＊2―佐野真一郎、南部智史（２０１５）「コーパスを用いた現代日本語における「が／を交替」の実証的研究」『日本言語学会第１５０回大会発表論文集』pp.68-73、日本言語学会

＊3―上野善道（２００８）「母は昔はパパだった、の言語学」『ことばの宇宙への旅立ち―10代からの言語学』（大津由紀夫編）pp.60-62、ひつじ書房

＊青木ひろみ（２００８）「可能表現の対象格標示「ガ」と「ヲ」の交替」『日本語教育論集 世界の日本語教育』18、pp.133-146、国際交流基金日本語国際センター

第5章

ことばの歴史を探る

「めちゃめちゃ」「超」のような俗な強調言葉は昔もあったのですか

回答＝市村太郎

程度副詞や陳述副詞による強調

「めちゃめちゃ」や「超」は、「今日の話めちゃめちゃよかった」「その服超かっこいい」のように、後に形容詞や形容動詞などの状態性を持つ語が来て、その状態の程度の甚だしさを表す程度副詞です。

この類には「とても」「非常に」「随分」など様々な語がありますが、「程度の甚だしさ」を表す点では似たような意味を持つため、その使い分けを説明するのは簡単ではありません。

渡辺[*1]が挙げたように、「うれしい」などの一人称の感情を表す形容詞との結びつきや、「今朝は昨日よりも多少涼しい」のような比較構文での用いられやすさ、評価のプラス・マイナスなどの尺度での使い分けが考えられますが、それ以外にも、俗な言い方なのか硬い文章語なのかというような文体的特徴も、各語の役割分担に大きく関わっていると考えられます。

例えば①「去年の冬はめっちゃ寒かった」という例文と、②「去年の冬は非常に寒かった」という例文があったとき、「どちらがより若者っぽい会話文で、どちらがより書き言葉らしい文章か」と聞かれたら、迷わず①が会話文で②が書き言葉と答えるでしょう。

また、強調に使われる言葉は程度副詞だけではありません。程度に限らず文意を強調する「本当に」「まことに」のような陳述副詞といわれる語もあります。例えば公的機関の謝罪会見で「まことに（申し訳ありません）」を聞く機会はあっても「マジで（申し訳ないっす）」は聞かない、といったようにこれらにも文体差や場面差があります。

このような現代語の状況に鑑みれば、当然歴史的にも文体差があったことが想定されます。もちろん現代と違って資料が豊富にあるわけではありませんから、ある時代においてどのくらい「俗」であったかを詳しく測るのは容易ではありません。

ただ、主として話し言葉に現れやすいか、書き言葉に現れやすいかくらいならばわかることがあります。ここでは、その一例として、「ほんに」という語の、江戸時代後期での使用状況を挙げましょう。

江戸のくだけた言葉「ほんに」は漱石の頃だと〝馬鹿丁寧〟

試みに『日本語歴史コーパス　江戸時代編Ⅰ洒落本[*2]』を対象に、江戸時代の「ほんに」の会話文と会話以外の文で用いられる比率を集計したところ、全用例のうち97%が会話文に出現していました。これは類語「まことに」34%、「じつに」50%に比べても非常に高い値で、ほぼ会話文に限定されて用いられていることがわかります。次のように、威勢のいい江戸の勇み肌の男による会話文でも「ほんに」が用いられています。

（1）芝のはてへいつてもナ。ずつと下谷のはてへいつてもホンニおやぶんのめへだけれども。どうらくものといふどうらくものにみそじやアねへが。たゞのひとりもしらねへなアねへ。［芝の果てへ行っても下谷の果てへ行っても、【ほんに】親分の前だけれど、道楽者という道楽者に、自慢じゃないがたった一人も知らないものはない。］

（『侠者方言』1771年、52-洒落 1771_01004 33640　訳は市村、表記は一部変更した。）

「めへ」「じやアねへ」「しらねへ」「なア」などのくだけた表現が用いられている、敬語のないぞんざいな発言です。現代語の「マジで」や「めちゃめちゃ」と同じくらいかどうかはわかりませんが、「まことに」や「じつに」に比べれば、「ほんに」がくだけた話し言葉であることは明らかでしょう。

ところが、そのくだけた語感がその後ずっと維持されたかというと、どうもそうではなさそうで、１９０５年発表の夏目漱石『吾輩は猫である』に次のような記述があります。

（2）［「新道の二絃琴の御師匠さん」と「下女」が話している場面］

「えゝ、あの御医者は余程妙で御座いますよ。（…中略…）あんまり苛《ひど》いぢや御座いませんか。腹が立つたから、それぢや見て戴かなくつてもよう御座います是でも大事の猫なんですつて、三毛を懐へ入れてさつさと帰つて参りました」「ほんにねえ」（…中略…）「ほんにねえ」は到底吾輩のうち抔《など》で聞かれる言葉ではない。矢張天璋院様の何とかの何とかでなくては使へない、甚《はなは》だ雅《が》であると感心した。（…中略…）天璋院様の何とかの何とかの下女だけに馬鹿丁寧な言葉を使う。

（『吾輩は猫である』：伊藤整・荒正人編（１９８２）『漱石文学全集一』集英社。表記は一部変更した。）

これを見ると、近世後期の江戸語ではあれほどぞんざいな発話に用いられた「ほんに」

という語が、「雅」で「馬鹿丁寧」な言葉と「吾輩」に評価されています。この語に対する認識が、130年の時を経て大きく変わったのではないかということを窺わせます。なお近代以降「ほんに」は衰退し、代わりに「本当に」という新しい語が台頭して、現代に至ります。

「めちゃめちゃ」もすでに大人びてきている!?

さて、例に挙げられた「めちゃめちゃ」は、1996〜2018年に放送されたフジテレビのバラエティ番組『めちゃ^{2}イケてるッ!』のタイトルにもなっており、少なくとも私が高校生だった90年代末頃から「俗語」だったことが確認できる語です。その頃「超ベリーバッド」の略で「チョベリバ」という表現も流行りました。

「めちゃめちゃ」や「超」は、一体いつまで「俗」で「若者」風の言葉でいられるのでしょうか。私も大人になり、最近では「若手」と言ってくれる人もだんだん少なくなってきましたが、『めちゃイケ』を見ていた世代としてはこの経過から目が離せません。

そもそも「めちゃめちゃ」にも、「めちゃくちゃ」「むちゃくちゃ」「めっちゃ」「むっちゃ」「めっさ」など、類似する表現が複数あります。最近の大学生の会話やバラエティ番組での若い人の発言では、「めっちゃ」をよく耳にする印象があります。もしかすると、すでに「めちゃめちゃ」は少しずつ大人びてきているのかもしれませんし、あるいは役割分担をしつつもまだ「若者言葉」であり続けているのかもしれません。

これらの表現が一体今どのような役割分担をしていて、どう変わっていくのか、それ自体も史的変遷として興味深い問題です。

＊１―渡辺実（２００２）『国語意味論』塙書房
＊２―国立国語研究所（２０２２）『日本語歴史コーパス』（バージョン2022.3、中納言バージョン2.5.2 https://clrd.ninjal.ac.jp/chj/ ２０２２年12月14日確認）
＊市村太郎（２０１４）「副詞「ほんに」をめぐって―「ほん」とその周辺」『日本語の研究』10-2、日本語学会
＊市村太郎（２０１５）「雑誌『太陽』『明六雑誌』における程度副詞類の使用状況と文体的傾向」『日本語の研究』11-2、日本語学会

英米ではコンセントと言わないそうですが、この言葉はどこから来たのですか

回答＝山田貞雄

「同心円構造のプラグ（concentric plug）」が2つに分解された

電気器具のプラグを差し込むところを「コンセント」といいます。この「コンセント」とは、どの辞書にも、「コンセントプラグ」から来ている、とあります。しかし英語には、その原語らしい言葉が見当たりません。しかも英米で「コンセント」とは言わないようです。

和製英語として大正時代の末には、「コンセントプラグ」という言葉があった、という記述をしている国語辞典があります。しかし具体的に、誰がどこで使っていたのか、言葉の資料からは、すぐには分かりませんでした。ただし電気器具や配線の、家庭にまで普及した時代や事情を考えると、設計や工事関係者の間には専門用語が先にあって、それが一般に普及したのかもしれません。

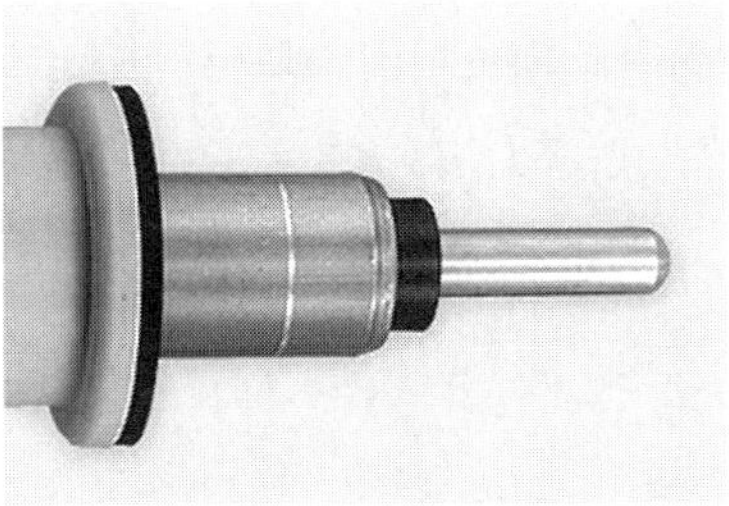

図●同心円構造のプラグ
出典：「Digital Museum of Plugs and Sockets」
https://www.plugsocketmuseum.nl

そこで、東京電力の「電気の史料館」に問い合わせてみました。すると多くの情報を貰うことができました。

電気の屋内工事に用いる用語を解説する事典では、詳しくその事情が述べられているとのことでした。それによれば、大正13年に東京電燈の発行した規程（初版）で、「コンセントプラグ」という言葉を用いており、当時は、プラグとコンセントを組んだ両方を指していたというのです。それを大正末に規程を改訂するにあたり、コードのついた方を「プラグ」、壁に設置する方を「コンセント」と分けて改めたことから、「コンセント」というようになった、というのです。

しかも、すでに明治期から、電気製品に実

際に使われた、concentric plug（「同心円構造のプラグ」の意）をいう「コンセントプラグ」という言葉はあったとのことです。

われわれの日常生活では、今でも電源アダプタなどに丸い同心円構造のプラグが使われています。明治期の外国製の電気製品には、この同心円構造のプラグが多かったそうです。同心円構造ではない二本や三本の四角い足のあるプラグの形状が主流になっても、「コンセント」の言葉だけが残った、ということのようです。

国語辞典や外来語辞典の類を引いても、「コンセントプラグ」が同心円構造をもつプラグを指すことや、日本で初期に普及した器具類に採用されていたのかどうか、さらに、電気工事の専門家の規程によって、単に「コンセント」と言うようにしたこと、などを知ることはできません。よく使う割には元の意味を知らないまま使う、という日常の外来語の典型かもしれません。

＊小林勲編（１９６９）『図説電気工学大事典13巻　屋内工事編』電気書院

言葉の地域差は、いつごろから意識されていたのでしょうか

回答＝小椋秀樹

奈良時代の『万葉集』にすでに地域差がある

言葉の地域差は、ふるく奈良時代から見られます。『万葉集』巻14の東歌《あずまうた》・巻20の防人歌《さきもりのうた》を見ると、政治の中心地である奈良の言葉と東国の言葉とがかなり異なっていたということが分かります。たとえば東国のうち現在の関東地方にあたる地域の言葉には、

武蔵野の小《を》岫《ぐき》が雉《きぎし》立ち別れ去《い》にし宵より夫《せ》ろに逢《あ》はなふよ
（武蔵野の山の洞穴にいた雉が飛び去って行ったように、別れて行ったあの夜から夫に逢っていないことだ）
（巻14・3375番歌）

のように打ち消しの助動詞として「ナフ」を用いる、

大君の命《みこと》かしこみ弓の共真寝《みたさね》か渡らむ長けこの夜を
（大君の仰せに従って、弓を抱いて寝るのだろうか。長いこの夜を）

（巻20・4394番歌）

のように形容詞の連体形の語尾がエ段音になる（この例では中央語で「長き」となるものが「長け」になっています）などの特徴がありました。

このように奈良時代にはすでに言葉の地域差があり、そのことが『万葉集』などの文献に記録されています。このことは、すでに言葉の地域差が人びとに意識されていたということを示していると考えられます。

平安時代は東国方言が見下されていた

平安時代の文献には、当時の方言に関する記述はほとんど見られません。ただ文学作品における描写から、当時の都の人びとが方言をどのような意識で見ていたのかをうかがうことができます。

『源氏物語』の「宿木」の巻では、薫が常陸前司《ひたちぜんじ》の姫君である浮舟の一行と出会う場面で、東国出身の、浮舟の従者について、

　声うちゆがみたる者、「常陸の前司殿の姫君の、初瀬の御寺《みてら》に詣《まう》でゝ、帰り給へるなり。初めも、こゝになむ宿り給へりし」と申すに

（声がひどくなまっている者が「常陸国の前の国司の姫君が、初瀬のお寺にお参りして、お帰りになるのだ。行きもここにお泊まりになったのだ」と申すので）

とあるように「声うちゆがみたる者（声がひどくなまっている者）」と表現しています。また『今昔物語集』にも、東国方言を「横ナハレタル音《コエ》（なまった声）」（巻19-11）と表現している例が見られます。

このように平安時代の文学作品には東国の人の言葉遣いをとりあげた場面がいくつか見られます。当時の方言のなかでも、とくに東国の方言が都の言葉と異なるものとして、都の人びとに強く意識されていたのでしょう。またその際当時の都の人びとは、東国方言をいやしい言葉という意識で見ていたと考えられます。

東国の江戸言葉が上方言葉の対抗勢力に

江戸時代になると東国の言葉の位置づけも変わってきたようです。江戸時代には、政治の中心が京都から江戸へと移り、江戸の文化が形成されます。それにともない、東国の言葉のなかでも、とくに江戸の言葉が上方の言葉に対抗する大きな勢力を持つにいたりました。そして上方の言葉と江戸の言葉とを対比してとらえるような意識も出てきたようです。式亭三馬『浮世《うきよ》風呂《ぶろ》』には、上方の女性と江戸の女性とが、たがいに相手の言葉をとがめ立てする場面があります。上方の女性は江戸の女性の言葉について、

へ、関東《くわんと》べいが、才六《さいろく》をぜへろくとけたいな詞《ことば》つきじやなア。

(へへ、関東の者が、「さいろく」を「ぜえろく」と言うのは、妙な言葉遣いじゃなあ。)

と述べています。ここでは「アイ」という連母音が江戸語で長母音「エー」となることをとりあげて「けたいな詞つき」と評しているのです。依然として江戸の言葉を低く見る意識が見てとれます。しかしこれに対して江戸の女性も、

図●『浮世風呂』に見られる江戸時代の上方言葉と江戸言葉

そりやそりや。上方《かみがた》も悪い悪い。ひかり人《て》ツサ。ひかるとは稲妻《いなづま》かへ。おつだネヱ。江戸《えど》では叱《しか》るといふのさ。アイそんな片言《かたこと》は申ません。

（そりゃそりゃ。上方の者の言葉も悪い、悪い。「ひかりて」ってさ。「ひかる」というのは「稲妻」のことかい。おつだねえ。江戸では「しかる」と言うのさ。そんななまった言葉を申しません。）

と述べ、上方の言葉で「シ」と「ヒ」とが交替することをとがめ立てています。そして上方の言葉をさして「片言」、つまりなまりのある言葉と言っています。

江戸の町の発展とともに、江戸の人びとも江戸の言葉が上方の言葉に対抗するもの、あるいは自分たちの言葉のほうがより正しいとするような意識を持つようになっていたものと思われます。

現代の高校生が戦国時代にタイムスリップしたら、言葉は通じますか

回答＝村山実和子

戦国時代は「古代語」と「近代語」のはざま

まず、戦国時代がいつ頃のことを指すのか、というところから考えてみましょう。一般的には、おおよそ室町時代（1336〜1573年）の後半がその時期に当たるようです。と言っても、当時どういった言葉が用いられていたのか、あまりピンとこない方が多いのではないかと思います。そこで、ここからは、室町時代の「話し言葉」を実際にのぞいてみることで、意思の疎通がはかれるかどうかを考えてみることにします。

当時の話し言葉を反映する代表的な資料として、室町時代の終わり頃に日本を訪れたキリスト教の宣教師たちが、日本語や日本文化を学習するために作成した資料群（キリシタン資料と呼びます）が挙げられます。ここではそのひとつ、『天草版[*1]伊《イ》曽《ソ》保《ホ》物語《ものがたり》（エソポのファブラス）』（1593年）の一部を見てみましょう（原文はポルトガル式のローマ字）。

Aru varambe fitçujini cuſauo cŏte ytaga,yayamoſu-

ある童 羊に草を飼うて居たが，ややもす

reba cuchizuſamini vôcameno quru zoto ſaqebu fodo

れば口ずさみに「狼の来るぞ」と叫ぶ程

ni,fitobito atçumareba,ſamonŏte cayeru coto tabi-

に，人々集まれば，さもなうて帰ることたび

tabini voyôda.Mata arutoqi macotoni vôcamega

たびに及うだ。またある時 まことに狼が

qite,fitçujiuo curŏni yotte,coyeuo facarini vomeqi

来て，羊を食らうによって，声をはかりに喚き

ſaqebedomo,reino ſoragoto yoto cocoroye,ideyŏ fi

叫べども，例のそらごとよと心得，出で合う人

to nŏte,cotogotocu curai fataſareta.

なうて，ことごとく食らい果たされた。

Xitagocoro.

下心。

Tçuneni qiogonuo yŭ monoua,tatoi macotouo

常に虚言を言う者は，たとひ真を

yŭ toqimo,fitoga xinjenu mono gia.

言う時も，人が信ぜぬ物ぢゃ。

出典：童の羊を飼うた事、pp.489-490

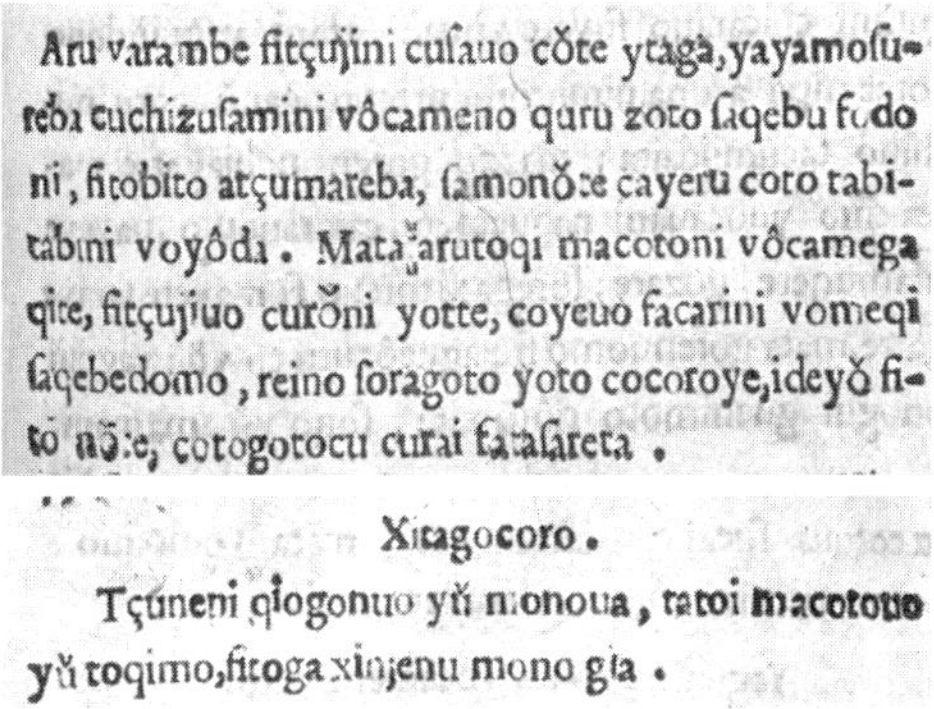
Aru varambe fitçujini cuſauo cŏte ytaga, yayamoſu-
reba cuchizuſamini vôcameno quru zoto ſaqebu fodo
ni, fitobito atçumareba, ſamonŏte cayeru coto tabi-
tabini voyôda. Mata arutoqi macotoni vôcamega
qite, fitçujiuo curŏni yotte, coyeuo facarini vomeqi
ſaqebedomo, reino ſoragoto yoto cocoroye, ideyŏ fi-
to nŏte, cotogotocu curai fataſareta.

Xitagocoro.

Tçuneni qiogonuo yŭ monoua, tatoi macotouo
yŭ toqimo, fitoga xinjenu mono gia.

図1●『天草版伊曽保物語（エソポのファブラス）』pp.489-490
出典：国立国語研究所「大英図書館所蔵天草版『平家物語』『伊曽保物語』『金句集』画像」（https://dglb01.ninjal.ac.jp/BL_amakusa/）より

〈現代語訳〉ある子供が羊に草を与えていたが、何かにつけて口癖のように「狼が来るぞ」と叫ぶので、人々が集まると、そういうこと（筆者注：狼が来ること）もなくて帰ることが何度もあった。そしてある時本当に狼が来て、羊を襲うので、（子供は）声を限りに喚き叫んだけれども、いつもの嘘だと思って出てくる人もおらず、（羊は）すっかり食い尽くされてしまった。

寓意。常に嘘を言う者は、たとえ本当のことを言っても、人が信用しないものだ。

『伊曽保物語』は、いわゆるイソップ寓話です。例に挙げたのは、私達にもなじみのある「オオカミ少年」のお話ですが、いかがでしょうか。『源氏物語』や『枕草子』など、教科書で見覚えのある古典作品等に比べると、かなり異なる印象を受けます。

たとえば「飼うて居たが」のような接続助詞の「が」は院政期以降に見られるようになるものですし、「食らい果たされた」「信ぜぬ物ぢゃ」に見える助動詞の「た」「ぢゃ（じゃ）」も古典語では見られないものです。中世には、このように「口語（口頭語、話し言葉）」が発達し、「文語（文章語、書き言葉）」との相違が大きくなったと考えられています。

日本語学の分野では、日本語を歴史的に眺めるとき、大きく「古代語」／「近代語」と二分して考えることがあります。その境目に位置するのが、ちょうど中世という時代です。特に、中世後期にあたる室町時代は、古代語らしさが薄れ、近代語的な様相を濃くしていく過渡期とされています。『伊曽保物語』の例からも、そのことを実感していただけるのではないでしょうか。

そうしてみると、古代語の時代にタイムスリップした場合や、（近代語にあたる時代でも）読み書きを介した場合のコミュニケーションには苦戦するかもしれませんが、今回の問いである「戦国時代」における直接の対話であれば、何とか意思の疎通ははかれるよう

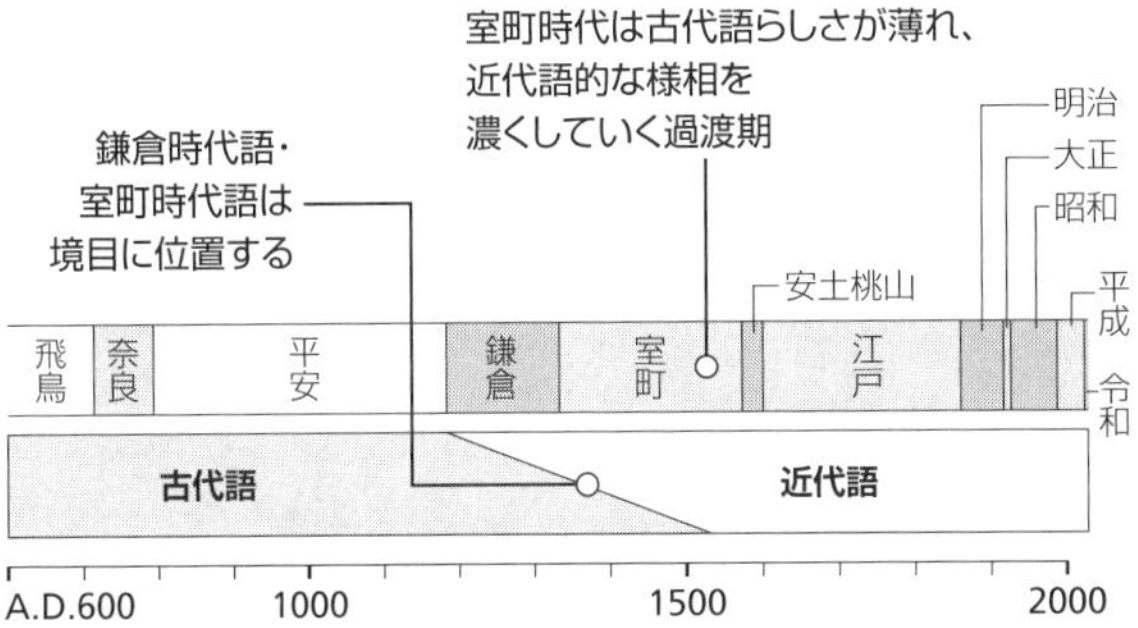

図2● 古代語と近代語の区分

に思います。なお、宣教師らが規範として学習しようとしたのは、当時の政治や文化の中心であった京都周辺の話し言葉であり、『伊曽保物語』にもそれが反映されています。そのため、タイムスリップした人の出身地やタイムスリップ先によっても、理解度が変わることは考えられます。

通じない言葉が教えてくれる、日本語の今と昔

また、現代では廃れてしまったり、あるいは意味や形式が変容したりした言葉が、コミュニケーションを阻むことも考えられます。

たとえば、先の『伊曽保物語』の文章を現代語に訳するにあたっては、「声をはかり

に」→「声を限りに」、「叫ぶ程に」→「叫ぶので」のように、いくらか言い換える必要がある箇所がありました。

「はかり」は「限り、際限」の意味を表し、たとえば「足をはかりに［＝足の続く限り］（虎明本《とらあきらぼん》狂言集・磁石〈1642年写〉より）」のように、中世～近世にかけては「…をはかりに」の形で「…のあらん限り」の意味で用いられていたものです。[*2]

また「程に」は、名詞の「程」に格助詞の「に」が付いたものですが、これは中世によく用いられた、原因・理由を表す接続表現として知られています。[*3]

平家の由来が聞きたいほどに《fodoni》、あらあら略してお語りあれ（天草版平家物語〈1593年〉）
［平家の由来を聞きたいので、おおよそのところをお語りください］

こしをぬかひたほどに、腰のようなるまで、おのれが宿へつれていてやしなへ
（虎明本狂言集・柿山伏〈1642年写〉）
［腰を抜かしたので、腰が良くなるまで、お前の宿へ連れて行って養生させよ］

しかし、現代語ではこのような「ほどに」の使い方はせず、現代語訳で言い換えたように、「ので」「から」など別の形式を用いることが一般的です。ここにも、形式の移り変わりの一例を見ることができるでしょう。

他方、現代人にとっても、その時代にまだ使われていない言葉を伝えることには困難が伴いそうです。たとえば、現代の高校生がタイムスリップ先で自身の説明をするとして、「高校生」「制服」といった、当時にない概念を表す言葉はまず通じないことが予想されます。

私達が普段使っている言葉には、明治期以降に流入した事物や概念を言い表すために新たに取り込んだ外来語や、新しく造語された漢語（漢字の音読みを用いた語）などが少なくありません。基本的な語のように見えても、実は外国語の翻訳から生まれた新しい語（「概念」「必要」など）ということもあります。

タイムスリップを題材とした作品の中には、現代人と戦国時代の人々とが関わるうちに、お互いの言葉を覚え、真似て使うような描写も見られます。フィクションの世界ではありますが、そのように時間をかけて互いに学習を重ねることでも、言葉が通じる可能性は高くなるでしょう。

難しい問いですが、戦国時代でなんとかやりとりができたとして、どういったところに問題が起きるのか、またはどのくらい時代を遡ると困難になるのか（時代を下るとスムーズになるのか）などと考えをめぐらすことが、日本語の変化を考える良いきっかけになるように思います。

＊１―イエズス会の宣教師たちの手によって、熊本県天草で出版された活字本の総称。天草本、キリシタン版とも。『天草版伊曽保物語』は、『天草版平家物語』（鎌倉時代に成立した『平家物語』を室町時代の口語で著したもの）、『天草版金句集』と合冊で、大英図書館所蔵の一冊が伝わるのみであり、「天下の孤本」として貴重な資料のひとつ。

＊２―『日本国語大辞典 第二版』小学館、「はかり」の項を参照。

＊３―吉田永弘（２０１９）『転換する日本語文法』和泉書院（初出は吉田永弘〈２０００〉「ホドニ小史―原因理由を表す用法の成立―」『国語学』第51巻３号）

＊野村剛史（２０１３）『日本語スタンダードの歴史―ミヤコ言葉から言文一致まで』岩波書店

船の名前はどうして「丸」が多いのですか

回答＝小椋秀樹

男子の人名「麻呂」が男子の幼名「丸」へと変化

独立行政法人海技教育機構の練習船は「日本丸」「海王丸」「大成丸」「銀河丸」「青雲丸」と、すべて名前に「まる（丸）」がついています。そのほかにも、横浜・山下公園に係留され、展示されている「氷川丸」など、たしかに、船の名前には「まる（丸）」のつくものが多くあります。

この〝マル〟の語源については、古くから諸説ありますが、いまだ明らかになってはいません。ただ、それらのなかでも、比較的多くの研究者の支持を得ているものに「愛称説」があります。これは、男子の幼名などに用いられる〝マル〟をその起源とするものです。

男子の幼名の〝マル〟は、室町時代から用いられるようになった語ですが、もともとは

「まろ（麻呂）」という語で、上代から男子の人名に用いられていました。室町時代頃に〝マロ〟から〝マル〟へと語形が変わり、主として男子の幼名に用いられるようになりました。さらに、この頃には、楽器、武具など人の名前以外にも用いられています。「愛称説」は、その〝マル〟が船の名前にも用いられるようになったとしています。

以下、「愛称説」で船名の「まる（丸）」の起源とされる〝マル〟という語の歴史（語史）を見ていきましょう。

まず〝マロ〟が人名に使われた例としては、有名な万葉歌人である柿本人麻呂、高橋虫麻呂などがあげられます。そのほかにも、奈良時代の遣唐使で吉備真備《きびのまきび》らとともに唐に渡った阿倍仲麻呂《あべのなかまろ》など数多くあげることができます。

このように人名に多く使われていた〝マロ〟ですが、平安時代になると、人名以外に用いられた例を見いだすことができます。たとえば、『枕草子』（1000年前後）「うへにさぶらふ御猫は」には、

> 蔵人忠隆なりなか参りたれば、「この翁丸《おきなまろ》うち調じて、犬島つかはせ、ただいま」

と仰らるれば

（蔵人の忠隆となりなかが参上したので、「この翁丸を打って懲らしめて、犬島（宮中の犬を追放した場所）に追いやれ。今すぐ」とお命じになるので）

とあるように、「おきなまろ」という名前の犬が登場します。そのほか、名前に用いた例ではありませんが、平安時代末期の歌謡集『梁塵秘抄《りょうじんひしょう》』（１１７９年頃）には、

茨小木の下にこそ、鼬が笛吹き猿舞で、稲子《いなご》丸《まろ》賞で拍子付く
（茨の小さな木の下で、イタチが笛を吹き、猿が舞を舞い、イナゴは心を引かれて、拍子を打つ）

と、〝イナゴ〟に〝マロ〟を付けた〝イナゴマロ〟という例が見られます。これは、〝イナゴ〟に〝マロ〟を付けることによって、親愛の情を表したものです。

室町時代頃には〝マロ〟は〝マル〟へと変化しました。このオ段音からウ段音へという変化は、アカトキ↓アカツキ、アトラフ↓アツラフなど類例を多くあげることができます。〝マロ〟から〝マル〟へと変化するとともに、〝マル〟は、おもに幼名に用いられるよう

になりました。『平治物語』（1220年頃か）に、

雪の中に捨てられて、「正清は候はぬか。金王丸《こんわうまる》はなきか。」と召けれどもなかりけり。

（雪の中に置去りにされ、「正清は控えていないのか。金王丸はいないのか。」とお呼びになったが、返事はなかった。）

（下・頼朝青墓《あおはか》に下著《げちゃく》の事）

とあるのがその例です。

船に使われた最古の例は『義経記』の「月丸」

〝マル〟は、人名以外にも刀剣、楽器の名前に使われた例も見られます。

この太刀を抜丸《ぬきまる》と申ゆへは、（この太刀を抜丸と呼ぶ理由は、）

（『平治物語』中・待賢門《たいけんもん》の軍《いくさ》の事）

上臈の宝ともおぼしめす、てひきまるといふ琴の上に倒れかゝりて、琴をば微塵にそこなひぬ

（高貴な婦人が宝ともお思いになっている、てひきまるという琴の上に倒れかかって、琴を粉々に壊してしまった）

（『御《お》伽《とぎ》草子《ぞうし》』物くさ太郎〈室町時代末〉）

さきに見たように〝マル〟の古い形〝マロ〟が動物の名前に用いられた例がありました。もともと〝マロ〟が人名以外にも用いられていた例があることから、〝マル〟も人名以外に用いられるようになったものと思われます。

ところで、問題の船の名前に用いた例ですが、もっとも早い例は、室町時代中期以前の成立とされる『義経記』にある、

西国に聞えたる月丸《つきまる》といふ大船に、五百人の勢を取乗せて、財宝を積み、二五疋の馬共立て、四国路を志す

（西国に広く名前が知られている月丸という大きな船に、五百人の兵を乗せ、財宝を積み、二五匹の馬を立たせ、四国を目指す）

（四・義経都落の事）

という例です。室町時代には、船の名前に〝マル〟を使うようになっていたと考えられます。

〝マル〟のおおよその歴史的な変化は、以上のとおりですが、人名に用いられていた〝マル〟が、なぜ、どのように武具や船などの名前に用いられるようになったのかは、現在のところ明らかになってはいません。語の歴史については、文献によって歴史を追うことはできても、変化の理由を明らかにすることが難しいばあいも多くあるのです。

＊新村出（１９７１）「船舶史考」『新村出全集』第10巻、筑摩書房。原典画像が国立国会図書館デジタルコレクションで公開されています。新村出（１９４３）『船舶史考』教育図書（https://dl.ndl.go.jp/pid/1229819/1/1）

古典文法では過去や完了の助動詞がたくさんあるのに、現代語ではなぜ「た」だけなのですか

回答＝福沢将樹

完了の助動詞の違いがどうでもよくなってゆく経緯

国語教育の古典文法では、過去の助動詞は「き」「けり」、完了の助動詞は「つ」「ぬ」「たり」「り」と説明されています。現代語文法では過去（完了）の助動詞は「た」と説明されています。

古文の「たり」の連体形「たる」から「る」が落ちて「た」になりました。

平安中期（10世紀〜11世紀初）までの「たり」「り」の意味は、おおむね〈状態〉や〈動きのない過程〉を表しました。

荒れたるやどにひとり立てれば（荒れている家に一人で立っていると）

（『古今和歌集』巻四　237番歌）

ここからどのように意味が変化していったかというと、大きく二つの道筋が考えられます。

①〈過程〉から〈起動〉〈終結〉へ

まず①「〈過程〉から〈起動〉〈終結〉へ」という道筋です。回り道になるようですが、現代の「おもむろに」という言葉から見ていきたいと思います。

「おもむろに」という言葉の意味は、最近まで〈ゆっくりと〉というものであったようです。「おもむろに顔を上げた」は「ゆっくりと顔を上げた」という意味でした。しかし同じ表現が「突然顔を上げた」という意味に解されるようになってきました。このように、〈ゆっくりした過程〉から〈起動〉の意味へと変化しつつあります。

似たような変化は他の言葉でも起こりました。「ようやく」という言葉もまた、平安時代など古くは〈少しずつ〉〈だんだん〉という〈ゆっくりした過程〉を表していましたが、いつの間にか〈やっとのことで〉という〈終結〉の意味で用いられるようになりました。

このように、〈過程〉から〈起動〉〈終結〉へと変化する傾向が、言葉の歴史にはありそ

おもむろに顔を上げた
ゆっくりと
顔を上げた
突然
顔を上げた
ゆっくりした過程
変化
起動
ようやく
少しずつ
だんだん
やっとの
ことで
ゆっくりした過程
変化
終結
言葉の歴史には、〈過程〉から〈起動〉〈終結〉へと変化する
傾向がありそうです
過程
起動
終結

図●〈過程〉から〈起動〉〈終結〉へ

うです。

似たようなことが古典文法で完了の助動詞とされている「つ」「ぬ」にもかつて起こったのではないかと推定されます。そして、遅れて「たり」にも起こったのではないかと考えられます。

我はもや安見児得たり　皆人の得かてにすといふ安見児得たり　（『万葉集』巻二95番歌）

※藤原鎌足が、みんなが得たいと思っている采女《うねめ》の安見児《やすみこ》を妻としたときの歌

ここの「たり」は、実は「安見児という女性が自分のものである」という〈関係〉ないし〈状態〉を表します。しかし現代人は、「安見児を自分のものにした」という行為そのものが成立したという意味の方を強く感じてしまいます[*1]。つまり〈起動〉の意味が生まれたわけです。更には「長いことかかってやっと自分のものにできた」という〈終結〉のニュアンスさえ感じるようになっていきました。

「ぬ」もまた、おそらくかつては〈ゆっくりした過程〉そのものを表しました。例えば

「秋来ぬ」（『古今和歌集』巻四　１６９番歌）というのはどういう意味になるでしょうか。「往ぬ」という動詞が「ここから遠くへ行ってしまう」という〈空間的な移動〉を表すように、それを元にしてできた助動詞「ぬ」も〈時間的な推移〉を表したものでしょう。しかし、現代人の目で見ると「だんだん秋になってくる・いく」という〈時間的な推移〉、つまり〈過程〉の意味よりも「秋になった」という〈終結〉や〈起動〉の意味が強く感じられます。

「つ」の場合は、語源がはっきりしませんが、これもまたおそらく似たような変化が起こり、そしてそれはおそらく「たり」「ぬ」よりも早く起こったものと考えられます。

さて「つ」「ぬ」「たり」がそれぞれ〈過程〉を表していた時代には、同じ〈過程〉でも細かい使い分けがあったようです。しかしこれらがみな〈過程〉そのものよりも過程の〈終結〉や〈起動〉の方が本義だと思われるようになると、〈過程〉の意味の細かな違いはもうどうでもよくなってきます。その結果、「たり」の連体形「たる」や「た」がこれらの意味を一手に引き受けるようになったものと考えられます。

なぜ「つ」でも「ぬ」でもなく「た」なのかと言うと、一つは圧倒的に「たる」「た」の使用頻度が高かったからという理由が考えられます。もう一つは、「たる」「た」の意味が次の②のように更に拡大したからです。

過去の助動詞「き」「けり」の存在理由も次第に薄れた

②〈経歴〉から〈過去〉へ

そこで次に、②「〈経歴〉から〈過去〉へ」という道筋です。

「たり」は、実は〈経歴〉、つまり「～したことがある」「既に～している」を表す場合も稀にありました。

我やは花に手だに触れたる（私が花に手を触れたことがあるとでもいうのか。指一本すら触れてはいない）

（『古今和歌集』巻二 106番歌）

現代語の「～ている」もまた、普通は「大統領は現在広島を訪れている」のように〈過程〉を表しますが、〈経歴〉を表すこともあります。

「今までに3回ヨーロッパに行っている」

「芭蕉もかつてこの寺を訪れている」

「たり」「〜ている」の〈経歴〉の用法は、広く言うと〈過去〉に近いものです。ニュアンスは変わりますが「3回行った」「かつて訪れた」と言っても内容はほぼ同じです。これが〈過程〉の用法ですと、「×現在訪れた」と置き換えることができません。〈経歴〉を表す表現は、このように〈過去〉の意味に近いので、〈過去〉を表す表現に変わっていきやすい性質があります。また、〈終結〉の意味もしばしば〈過去〉に変化していきやすいところがあります。

ところで「完了」という文法用語があります。しかしこの「完了」という用語には様々な意味がごっちゃになっています。〈終結〉も「完了」だし〈経歴〉も「完了」の意味の一種です。これら広い意味の〈完了〉を表す表現は、時代を下ると〈過去〉の意味に変化することがよくあります。

こうした「〈完了〉から〈過去〉へ」という変化は、いろいろな言語に見られ、例えば現代英語では「過去形」と「現在完了形」の区別がありますが、フランス語の現在完了形は「複合過去」と呼ばれ、既に過去形の一種と考えられています。

このように「た」が〈経歴〉から単なる〈過去〉へと軸を移していきますと、過去の助動詞であった「き」「けり」の存在理由も薄れてきます。「き」「けり」も微妙な意味の違いがありましたが、「た」さえあればこのような違いを気にしないで済むようになります。「たり」〜「た」の主要な意味が〈過程〉から〈終結〉や〈過去〉にスライドしていきますと、今度は〈過程〉そのものを表すことが難しくなってきます。そこで中世以降、「〜ている（てゐる）」「〜てある」「〜ておる（てをる）」のような表現が増えていきました。かつて助動詞で表されていたものが、補助動詞で表されるようになったということです。

これらの変化は、どちらが原因でどちらが結果かはわかりませんが、日本語全体が総体として変化していったということになります。

＊1―実際、現代の注釈書では「得たぞ」のように〈完了〉として解釈するものが多いですが、ここでは〈関係〉や〈状態〉として解釈しておきます。

＊中西宇一（1996）『古代語文法論 助動詞篇』和泉書院
＊山口堯二（2003）『助動詞史を探る』和泉書院
＊福沢将樹（2018）「テンス・アスペクトの歴史」『日本語学大辞典』（日本語学会編）東京堂出版

第6章 外国人学習者がとまどう日本語

日本語の「いいです」は承諾ですか、断りですか

回答＝井上　優

「日本語のあいまいさ」にもいろいろある

「日本語のあいまいさ」ということはしばしば言われることですが、その場合、少なくとも二つのタイプに分けて考えるのがよいように思います。

一つは、「〜と思われる」や「〜と思わないこともない」のような、はっきりと言い切らない表現を多く用いることです。断定的に言い切る言い方は聞き手に対してきつい印象を与えるということで、断定的ではない言い方を用いて表現をやわらげるわけです。

もう一つは、省略などの理由で、一つの表現が二つ以上の意味にとれる場合です。「いいです」「けっこうです」（以下「いいです」で代表させます）もこのタイプです。承諾の「いいです」は「〜してもいいです」の「〜しても」が省略されたもの、また、遠慮の気持ちを含んだ断り（以下「断り」）を表す「いいです」は〝不必要〟を表す「〜しなくて

もいいです」の「～しなくても」が省略されたものです。「～しても」「～しなくても」の部分が省略されたために、同じ「いいです」という形になるわけです。

・承諾
「ちょっと中を見学したいのですが。」

「いいですよ。」（＝見学してもいいです。）

・断り（遠慮の気持ちを含む断り）
「荷物をお持ちしましょう。」

「いいですよ。」（＝持ってもらわなくてもいいです。）

承諾と断りではイントネーションが微妙に違う

「いいです」が「承諾」と「断り」というまったく異なる意味を表すというのは、いかにも不都合な感じがします。日本語を勉強している人からは、レストランで店員に「コーヒーはいかがですか？」と聞かれて、「お願いします」と言うつもりで「いいです」と言ったら、結局コーヒーがもらえなかった、といった経験談を聞くこともあります。

しかし、「いいです」が発話される場合は、通常、うなずいたり首を横に振ったり、あるいは「ええ、いいですよ」「いや、そんな、いいですよ」のような別の表現が加わったりしますから、「いいです」が承諾を表すか断りを表すかの区別は、それほど難しいわけではありません。

また、承諾の「いいです」と断りの「いいです」はイントネーションも違います。それは文末に「よ」を付けた場合によりはっきりします。次ページの図2・3のように承諾の「いいですよ」は、文末の「よ」で上昇しますが、断りの「いいですよ」は、文末が低く抑えられます。

場面や文脈の性質も違います。「いいです」が承諾になるのは、相手が承諾を求めている場面です。一方、「いいです」が断りになるのは、相手が自分のために何かしてくれようとしている場面です。相手にとって都合のよいことがらについて「いいです」と言うと承諾になり、相手にとって負担になることがらについて「いいです」と言うと断りになるわけです。

発話の意味は、表現自体の意味だけではなく、イントネーションや場面など種々の要因が組み合わさって決まるものです。日本語の「あいまいさ」についても、そのことをふま

図1●二つの「いいです」の区別

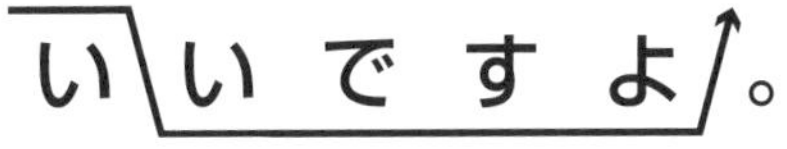

図2●承諾の「いいですよ」

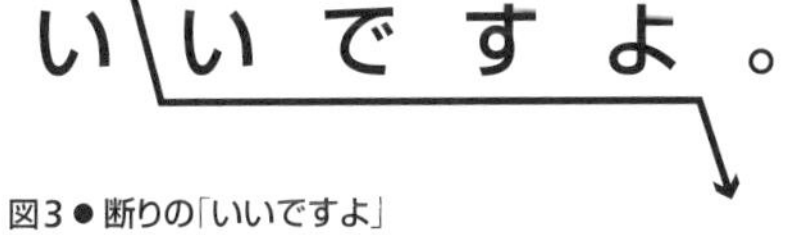

図3●断りの「いいですよ」

図4 ● 場面や文脈の性質の違い

えた上で考える必要がありそうです。

一方、次のようなこともあります。レストランでコーヒー付きのランチを食べているときに、店員が頃合いを見計らって「コーヒーをお持ちしてよろしいでしょうか？」と聞いてきたとします。この場合、店員は「お持ちしてよろしいでしょうか？」と許可を求めているわけですから、「いいです」と言ってコーヒーを持ってきてもらうこともできそうなものです。しかし、実際は「お願いします」と言う方が多いと思います。客と店員の関係であっても、相手に負担をかけるという意識が働いて、「いいです」ではなく「お願いします」になるのでしょう。

日本で働く外国籍社員にとって、どんな日本語が難しいですか

回答＝蒙　韞

「〜しかねる」のような「ない」を使わない否定が難しい

日本人にとっては難しく感じないことでも、外国籍社員にとっては、難しいと感じてしまうことがあります。今回は二つの場面をもとに、なぜ外国籍社員には難しいのかをみていきましょう。

本項では、日本語の対比として外国籍社員の「母国語」という表現を用います。「母国語」とは国籍のある国の公の場で用いられる言語です。

なお、「母語」という語もあり、これは幼児期に自然習得する言語を言います。「母国語」と「母語」が同じ場合もあれば、異なる場合もあります。例えば、母語がモンゴル語、母国語が中国語と異なり、家庭内での母語使用はあるが、仕事上では母国語と日本語を使用しているケースもあります。

それでは、以上をふまえて、外国籍社員の声を聞いてみましょう。

場面1　電話で話す時

外国籍社員は、電話での聞き取りが難しいということが挙げられます。特に、漢字圏出身の外国籍社員はカタカナ語が、非漢字圏出身の外国籍社員は漢語が苦手な場合があります。また、電話相手の声が小さかったり、話すスピードが速かったり、電話相手が方言など馴染みのない言葉を使ったりした時にも、外国籍社員は難しいと感じてしまいます。

元々自分の母国語ではないため、語彙力が限られている上に、通常より速いスピードや方言になると、ますますついていけなくなってしまいます。

外国籍社員のＡさんは電話相手の言葉遣いについて、次のように話してくれました。

「相手の言葉に『ない』という否定形が一切使われていないのに、否定の意味を含んでいる言葉遣い、例えば、（他の動詞の連用形に付いて、躊躇・不可能・困難などの意を表す）『〜しかねる』が難しいです。突然聞いたら、相手が何を言いたいのか、いったい肯定しているのか否定しているのかすら分からないです。」

それ以外にも、日本語と母国語のどちらにもあって、違う使い方をする言葉も外国籍社員にとっては難しいです。違いがよく分からないまま、母国語と同じ使い方をしてしまうと、問題が生じて困ったことになります。

　例えば、中国出身の外国籍社員Bさんは、「請求書」という言葉について、次のように話してくれました。

「電話相手から『先日、弊社が発注した商品の請求書をすぐに発行して、郵送していただけないでしょうか。』と言われました。自分の母国語である中国語にも、同じ『請求書』という言葉はありますが、中国語では、希望を述べてぜひ実現させて下さいと頭を下げて相手に頼む時に書く文書のことを指します。結局、そのお客様がおっしゃった『請求書』をすぐに発行できず、クレームが来ました……。」

　このように、日本語と母国語に同じ言葉があっても、それぞれの意味や使い方の違いがよく分からないと、トラブルを起こしたり、支障が出たりしてしまいます。

「検討の上で回答します」を信じて待っていたのに……

場面2　交渉や商談の時

お客様を相手に商談をする際に、敬語のような、人間関係やその場にふさわしい気遣いを表す言葉、または遠回しな言い方を正しく使い分けたり、理解したりすることに困ってしまう外国籍社員がたくさんいます。

例えば、外国籍社員のCさんは、次のように話してくれました。

「商談相手のお客様に、『一旦、持ち帰らせていただきまして、検討の上で、回答させていただきます。』と言われた時、この時の発言意図が場合により遠回しの断りだとは分からなかったのです。本当にお客様がその案件を持ち帰って真剣に考えてくれて、その結果も知らせてくれると信じていました。

結局、何日待っても返事がなかったから、こちらから電話をかけて聞いてみたら、『大変申し訳ございませんが、あの案件は、先日の商談で難しいと感じております。』と言われてショックでした。」

このように、日本語の遠回しな言い方をよく理解できないと、お客様との交渉や商談に悪い影響を与えたり、場合によっては、信頼関係に傷が付いたりすることもあります。

提案をしたり、結論づけたりする時の「程度（可能性）」を表す言葉を難しく感じる人もいます。中国出身の外国籍社員のDさんは次のように語ってくれました[*1]。

「日本語だと、ちょっと曖昧ですね。だから、日本語で言うと、いったいどの程度の可能性になるのか、相手がその度合いをどれぐらい理解してくれたのかがよく分からないです。

例えば、中国語で『这件事情差不多（このことはほとんど）』と言ったら、80％の可能性があります。『这件事情比较难办（このことは比較的やりにくい）』と言ったら、50％の可能性があります。『这件事情绝对不可能（このことは絶対不可能）』と言っても、まだ10％の可能性があります。このような言い方を（そのまま）日本語で言っても、相手には分かりづらいし、自分も（どの程度になるかを日本語で）表現できないので……。

中国人はよくこういう言い方をしますが、日本人はどちらかというと、実現できるかどうかを見ますね。日本は（中国に比べると）計画性を重視するので、中国人のこのような言い方だと、その案件を来月の売上に入れられるのかが大きな問題になります。だから、いつも日本人の上司に、『いったいこれは入れるのか？　入れないのか？』と聞かれます。その『程度』によって提案をしたり、結論づけたりすることは本当に難しいです。」

みなさんも、周りの外国籍社員が今、困っていたり、戸惑っていたりしていないかを気に掛けてあげて、困っていそうな時には、自分の言い方や見方などを変えてみてください。外国籍社員の母国語や母国の文化などに興味を持って、仲間として「こういう時にはどう言えば／すればいいのか」を相手と一緒に考えれば、言葉も文化も社会も、より豊かなものになるのではないかと思います。

＊1—外国籍社員の語りの日本語には多少不自然な所がありますが、そのまま記載しました。

＊蒙韞、陶山千里、糸賀尚子、呉怡、本名勝（２０２２）「企業がグローバル人材に求める「多言語能力」「コミュニケーション能力」「異文化対応力」「プレゼンテーション能力」の一考察：量的・質的分析から分かったこと」『新たなるグローバル人材：外国人留学生の雇用と課題：人材育成学会 グローバル人材育成研究プロジェクト 調査報告書』人材育成学会

＊蒙韞（２０２１）「オンライン国際交流で見られた学生の変化・成長：オーストラリアのある大学とのショートプログラム」『留学生教育』第26号（留学生教育学会編集委員会編）、pp.101-108、厚有出版

＊蒙韞、中井陽子（２０２０）「中国人社員と日本人上司による許可求めのロールプレイ会話の分析：会話参加者の行動と意識から探る外国人材育成のヒント」『国立国語研究所論集』第19号、pp.109-126、国立国語研究所学術情報リポジトリ（https://doi.org/10.15084/00002831）

外国人学習者にも「ら抜き言葉」を教えた方がいいのでしょうか

回答＝金田智子

教えた通りに日本語を学ぶわけではない

次の言葉のうち、「ら抜き言葉」はどれでしょうか。

（1）帰れる
（2）しゃべれる
（3）眠れる
（4）着れる

一段動詞やカ変動詞の可能形が「～られる」ではなく、「～れる」となっていると、それらは「ら抜き言葉」と呼ばれます。この中で、「ら抜き言葉」は、（4）の「着られる」

の「ら」がない「着れる」だけで、ほかはもともと可能形が「〜られる」にはならない五段動詞です。

しかし、何を「ら抜き言葉」と呼ぶのかを実は知らない人、いつの間にか無意識に使っている人は、日本語を母語とする人の中でも少なくありません。

日本語教科書のほとんどは、動詞の可能形として、「ら抜き言葉」の「食べれる」「来れる」ではなく、「食べられる」「来られる」を紹介しています。そして、五段動詞の場合は「帰る→帰れる (kaerɯ + eru)」、一段動詞の場合は「食べる→食べられる (taberɯ + rareru)」というように、可能形の作り方を示しています。

ところが、学習者は教える側の期待通りに覚えるとは限らず、気が付くと「食べれる」「来れる」を使っていた、というようなことがしばしば起こります。

学習者にしてみれば、動詞の種類によって活用形を覚えるのは面倒なので、簡単に済ませてしまうということもあります。たしかに、「帰れる」がいいのなら、「食べれる」も大丈夫と考えるのも無理はありません。

そして、教室外での言葉の使われ方も、学習者の言葉の学び方に大きな影響を与えます。「食べれる」や「来れる」を使う日本人は多く、特に若年層の多くはそれらを「正しい」

と認識しています。[*1] 日本人に「おさしみ、食べれる？」などと問われることは多いでしょうし、学習者が「来れる」を会話で使っても、周囲の人に訂正されることはあまりないでしょう。

「ら抜き言葉」を学習者が使う危険性

このような現実を反映し、「ら抜き言葉」を紹介する初級教科書も国内外で出版されています。[*2] ただ、「この形もよく使われる」という紹介にとどまり、使うための練習はありません。

実は「ら抜き言葉」は、動詞によって使用率や「正しいかどうか」という意識に差があります。「食べれる」「来れる」などと違い、「考えれる」「信じれる」などは、使用する人も「正しい」と考える人も、それほど多くはないのです。その上、話し言葉に比べて、書き言葉での「ら抜き言葉」の使用率は高くありません。

そういった現状の中で、例えば、留学生がレポートに「…と考えれるが、…。」と書いた場合、読み手はどう思うでしょうか。この一言から、文全体が稚拙だという印象を持ってしまうかもしれません。先述した教科書には、必要な情報は提供するが、学習者が不用意に「ら抜き言葉」を使うことから生じうる、このような危険性は避けよう、という作成者の意図がうかがえます。

　言葉の変化、地域差などはどの言語にも存在しますが、だれもがそれを自覚しているとは限りません。日本語学習者にしても、日本語についてはもとより、自身の母語についても変化や異なりを意識したことがないという人もいるでしょう。

「ら抜き言葉」は教えない、と決めることも一つの方法ですが、これをきっかけに、日本語を学習する人もそれを助ける人も、自らの規範意識や言語の使用実態に気づき、何をどう使用するかを考えることもできます。そうすることは、双方にとって、言葉に対する理解を深めるための貴重な機会となるのではないでしょうか。

＊1―旺文社生涯学習検定センター（２００２）「『第3回ことばに関するアンケート』集計結果」『生涯学習検定ニュース』VoL.5

＊2―坂野永理ほか（１９９９）『初級日本語 げんきII』The Japan Times

＊文化庁文化部国語課（２０１６）『平成27年度 国語に関する世論調査』財務省印刷局

外国人学習者に「から」と「ので」の違いをどう教えたらいいですか

回答＝佐々木藍子

「ので」のほうがより丁寧な印象になる

接続助詞「から」「ので」はともに原因・理由を表す表現です。以下は「から」と「ので」を使った例文ですが、意味的に大きな違いは感じられないと思います。

（1）ちょっと用事がありますから、先に帰ります。
（2）ちょっと用事がありますので、先に帰ります。

言葉は人ができるだけ労力を使わなくてもいいように経済的にできていると言われています。そのため、全く同じ意味・機能を持つ表現が複数あるとどちらかが使われなくなり、消失していきます。しかし、「から」と「ので」はその両方が存在し続け、今日まで日本語母語話者に使われてきました。つまり、これら二つの表現には何かしらの違いがあるということです。

日本語母語話者であれば、これらのような類義表現の違いがわからなくても問題なく使い分けられるのですが、日本語学習者にとっては容易ではありません。日本語学習者が適切な場面で適切な表現が使えるよう、日本語教師はこれらの使われ方の違いや学習者の間違いやすい点を把握し、指導に取り入れる必要があります。

それでは、これらの違いを探るために、日本語母語話者と学習者が実際に使っている「から」と「ので」を見てみることにしましょう。

日本語の使用状況を確認するには、日本語母語話者や学習者が日本語で話したり、書いたりしたデータを観察することが有効です。言語のデータをたくさん収集し、コンピュータで検索したり、分析したりできるようにしたデータベースのことをコーパスと呼びます。このようなコーパスは世界中で作られています。

国立国語研究所の日本語教育研究領域では、『多言語母語の日本語学習者横断コーパス』（International Corpus of Japanese as a Second Language 以下 I-JAS とする）を公開しています。これは国内外の日本語学習者と日本語母語話者の話し言葉と書き言葉のデータを大量に収

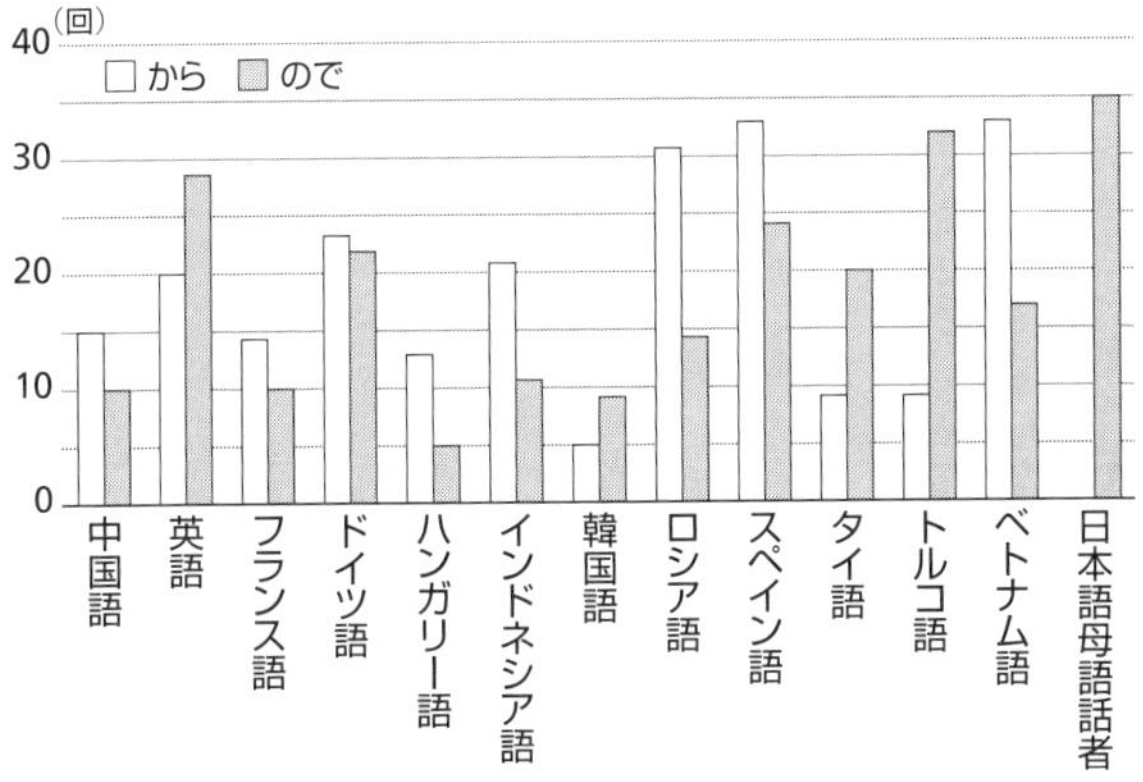

図●I-JASのRP1に見られる「から」と「ので」の使用数
（各母語の学習者および日本語母語話者、それぞれ15名ずつのデータをI-JASで検索）

集し、電子化した言語資料で、世界最大の日本語学習者コーパスです。[*1]

I-JASに収録されているデータは、海外の大学などの教育機関で外国語として日本語を学んでいる学習者850名（図にある12言語それぞれを母語とする学習者）、日本国内の語学学校や大学で日本語を学んでいる学習者100名、日本で生活しながら自然に日本語を学んでいる学習者50名、日本語母語話者50名から成ります。

これらのデータのうち、各母語の学習者（中級から上級前半レベル）と日本語母語話者15名ずつのロールプレイ1（以下RP1とする）というデータを使って、接続助詞「から」「ので」の使用状況を分析してみました。

ＲＰ１は、調査者が日本料理店の店長、被調査者（学習者・日本語母語話者）がアルバイトという設定で、被調査者が週３日のアルバイトを週２日にしてもらえるように依頼するという会話です。

なぜアルバイトの日数を減らしたいのかという理由を述べる箇所で「から」「ので」が使われます。データを分析したところ、図のような結果が得られました。

図を見ると、日本語母語話者は「ので」しか使っていないことがわかります。

先行研究では、「から」と「ので」の違いについて、「から」は主観的で、「ので」は客観的である[*2]という主張や、「ので」は「から」より丁寧で、日本語母語話者は目上の人に対して発話でよく使用する[*3]というような研究結果など、これまで多くの議論がされてきました。

今回の分析結果でも、目上にあたる店長にアルバイトの日数変更を依頼する際、日本語母語話者は「から」ではなく「ので」を使っていることがわかりました。そのため、このような場面で理由を説明するときには、「ので」のほうが適していると考えられます。

学習者は教科書で先に習う「から」を使いがち

一方、このレベルの学習者はどの母語の学習者も「から」と「ので」の両方を使用しています。

「から」「ので」が表す原因・理由の概念自体はあまり難しくなく、どの言語にもある概念です。「です」や「ます」に「から」「ので」を接続すれば（便利ですから・行きますので）、容易に形式が作れるため、日本語の授業では一般的に初級で導入されます。

日本語教育の現場でよく使用されている教科書『みんなの日本語初級』[*4]では「から」は9課、「ので」は39課に提示されています。その他の初級教科書でも「から」は「ので」より先に提示されることが多いです。

学習者は先に学習した表現・文型と類似した機能を持つものをあとから提示されても、その必要性が感じられなければ、先に学習した表現・文型を使い続ける傾向があります。つまり、先に「から」を学習した場合、あとから「ので」を学習しても「から」ばかり使ってしまい、「ので」を使い始めるのに時間がかかるということです。

学習者と日本語母語話者の発話例を少し見てみましょう。発言内の読点「、」は言いよどみ（ポーズ・間）を意味しています。

〈学習者〉

（3）（アルバイトよりも学校の授業の方が大事だという文脈で）私はまだ学生ですから、うーんもっとうー成績が、んー成績を大切にする方がいいと思います

（CCM10-RP1）

〈日本語母語話者〉

（4）あのー、ま忙しいので、週二回に減ら、せないかなと思いまして

（JJJ03-RP1）

学習者が発話した（3）は文法的に間違ってはいませんが、目上の店長にこのように言った場合、日数を減らすことの正当性を強く主張しているように聞こえないでしょうか。日本語母語話者の（4）と比較しても「ので」を使ったほうが丁寧な印象を受けます。

このように見ていくと、先行研究でも言われているように、「ので」は「から」より丁寧さを表現できることがわかります。必ずしも学習者が日本語母語話者のように話せることが良いとは言えませんが、コーパスなどから日本語母語話者の使用傾向を観察することで、場面に適した表現を知ることができます。

「忙しいだから」と誤用してしまう理由

また、日本語のレベルが上がり、「から」や「ので」の使用が安定してくると、次のような誤用も見られるようになります。発言内の〈　〉は話し相手によるあいづちです。

（5）私は、今、えーと、忙しい、忙しいだから、えーと、せいしょ（最初）は、一週間に三回働い、て、えと、今、えと二回に、なるとえーとよろしいでしょうか
(IID35-RP1)

（6）あの、すみませんですけどー、ちょっと、あ、私はすごく忙しいなので、〈うん〉今は、一週間三回ぐらい仕事をしていますけどー〈はい〉ちょっと、二回ぐらいいいですか？
(HHG58-RP1)

（7）なんか大学ーはちょっと忙しくなってきたん、うん、きたんだからちょっと時間があんまり、はい、いません
(GAT23-RP1)

（5）は、「便利だから」のように名詞や形容動詞に「から」を接続する「名詞＋だ＋から」を学習したことで、形容詞に接続する場合にも過剰に「だ」を付加してしまったと考

えられます。（6）も同様に過剰に「な」を付加しています。また、（7）では「忙しくなってきたから」ではなく、「忙しくなってきたん《（の）》だから」と「ん（の）」を使用したため、どこか押し付けがましい印象になってしまっています。些細なことのように思えますが、このような発話が何度も続くと対人関係に支障をきたすかもしれません。

以上のことから、接続助詞「から」「ので」を教える際には形式や用法だけでなく、どのような状況で誰に対して話すかという「場面」を複数設定して練習することが大事です。さらに、「から」や「ので」の学習が一度終了していても、あとから学習する表現・文型に接続して使う場合についても、定期的に復習する時間を取り入れながら指導を行っていくことが重要です。

＊1―迫田久美子・石川慎一郎・李在鎬編（2020）『日本語学習者コーパスI-JAS入門　研究・教育にどう使うか』くろしお出版

＊2―永野賢（1952）「「から」と「ので」はどう違うか」『國語と國文學』29-2、pp.30-41、至文堂

＊3―畠山衛（2012）「日本語学習者による原因・理由を表す接続助詞「から」「ので」の語用論的使い分け能力の習得を探る横断的研究」『ICU日本語教育研究』8、pp.3-17、グローバル言語教育研究センター

＊4―スリーエーネットワーク編著（1998）『みんなの日本語初級I　本冊』『みんなの日本語初級II　本冊』スリーエーネットワーク

同じ漢字なのに、日本語と中国語では発音がまったく違うのはなぜですか

回答＝中澤信幸

日本伝来後、日本でも中国でも発音が変わっていった

確かに、日本語と中国語では漢字の発音がまったく違いますね。例えば「学生《がくせい》」は「シュエシェン（xué sheng）」、「日本《にっぽん》」は「リーベン（rì běn）」、「新聞《しんぶん》」は「シンウェン（xīn wén）」となります。この違いが、日本人の中国語学習者、中国人や台湾人の日本語学習者を戸惑わせる原因にもなっています。

そもそも、中国語は一つの漢字に対して発音は（原則として）1種類。ところが、日本の漢字の音読み（漢字音）は何種類にも分かれます。例えば「行」には「ギョウ／コウ／アン」の3種類の音があります。これを順に「呉音《ごおん》」「漢音《かんおん》」「唐音《とういん》」と言います。

呉音は最初に日本にやってきた漢字音で、四書五経や仏教経典などとともに伝来しました。現在でも「修行《しゅぎょう》」「勤行《ごんぎょう》」のような仏教語でよく使われます。

行−0
【行】6画 ①2552 Ⓤ884C 常2
常用音訓 コウ・ギョウ・アン・いく・ゆく・おこなう
音 一 コウ(ウカ)漢・ギョウ(ウギャ)呉・アン唐 庚 ɦăŋ–ɦʌŋ–hieŋ–sĭeŋ(xíŋ)
二 コウ(ウカ)漢・ギョウ(ウギャ)呉 敬(映)(xìŋ)
三 コウ(ウカ)漢・ゴウ(ウガ)呉・ギョウ(ウギャ)慣 陽(唐)ɦaŋ–ɦaŋ–haŋ–haŋ(háŋ)
四 コウ(ウカ)漢・ゴウ(ウガ)呉 漾(宕)(hàŋ)

出典：藤堂明保・加納喜光編
『学研新漢和大字典』（Gakken）より

一方、漢音は奈良〜平安時代初期に遣唐使等を通じて伝来しました。現在では「急行《きゅうこう》」「行動《こうどう》」といった日常語でよく使われます。

唐音は鎌倉時代以降に禅宗を通じて伝来したもので、現在でも「行脚《あんぎゃ》」「行灯《あんどん》」といった語として生きています。

以上の漢字音のうち、呉音・漢音のもとになった中国語音が「中古音」と呼ばれるもので、具体的には六朝期〜唐代（6〜9世紀）の発音を指します。この中古音には（現代の北京語とは異なり）有声声母（濁音）や入声韻尾（-k、-t、-p で終わる音）が含まれていました。

例えば「学」は「ɣak」（ɣ- は有声軟口蓋摩擦音、つまり舌と軟口蓋を摩擦させて発す

る音）という発音で、これが日本に伝来して「ガク」という発音で定着しました。「日」は「nit/zit」だったのが、日本では「ニチ（呉音）／ジツ（漢音）」で定着しました。「-k」「-t」という発音は日本語には存在しないので、母音を接続させて「-ク」「-チ／-ツ」とすることで、日本語音化させたわけです。

ところが、その後中国語側の音韻変化により、特に北方では有声声母（濁音）や入声韻尾が消滅してしまいました。その結果、現在の北京語音では「学」は「シュエ（xué）」、「日」は「リー（rì）」という発音になっているのですね。

このように、中国語と日本の漢字音は、もとは同じ発音だったのが、日本では日本語音化し、中国でも音韻変化した結果、まったく違うものになったというわけです。

台湾語や広東語、上海語は日本と発音が近い

ところで、中国語にはさまざまな方言があることをご存じですか。特に南方では、呉《ご》方言（浙江省、江蘇省、上海など）、粤《えつ》方言（広東省、香港、マカオなど）、客家《はっか》方言（広東省東部など）、閩《びん》方言（福建省など）といった方言が話されますが、これらは中国語中古音の性格を色濃く残しています。

また台湾で話される台湾語は閩方言の流れをくむもので、やはり中古音の性格を残しています。その発音を聴いてみると、「学生」は「ハックセン（ha'k-seng)」、「日本」は「ジップン／リップン（Ji't-pún/li't-pún)」、「新聞」は「シンブン（sin-bûn)」。そう、北京語に比べて、台湾語音は日本漢字音に近い関係にあることがわかります。

ですから、中国語（北京語）を勉強していて「発音が難しい」と思ったら、台湾語や広東語、上海語などをあわせて勉強してみることをお勧めします。

＊沼本克明（１９８６）『日本漢字音の歴史』東京堂出版
＊湯沢質幸（２０１７）『漢字は日本でどう生きてきたか』開拓社

まだ日本語が上手ではない留学生とコミュニケーションを取るコツを教えてください

回答＝金田智子

短い文で、言葉を省略しない言い方をする

例えば、道を聞かれたら、どのように答えますか。

〈A〉ここをまっすぐ行くと、左側に郵便局があって、その先に、路地があるんですけど、そこを入ってくと、右ですよ。

〈B〉まっすぐ行きます。左に郵便局があります。郵便局の横に、小さい道があります。その道を入っていくと、右にあります。

〈A〉に比べると、〈B〉は少し不自然な感じがするかもしれません。しかし、日本語が流暢《りゅうちょう》でない人にとっては、こちらの言い方の方が分かりやすいのです。それは、「路

地」ではなく「小さい道」の「小さい」のような、ほかでもよく使う言葉を使ったり、「〜てく」のように省略せずに「〜ていく」を使ったりしているからです。

また、〈A〉は全体で一つの文ですが、〈B〉は一つ一つ短い文で、段階を追って説明しています。外国人と接する機会の多い人は、自分の日本語が相手にうまく伝わるように、このような工夫をする傾向があります。

その一方で、外国人も日本人の言葉を理解するための工夫をしています。例えば、早口の相手には、「少しゆっくりお願いします。」と言ったり、もし「郵便局」がうまく聞き取れなかったときには、「ゆうび…、何ですか。」と、聞き取れたところまでは言ったりします。

言葉の一部が分からないだけなのに、ただ「分かりません。」と言ってしまうと、最初から全部説明し直される場合もあります。しかし、「ゆうび…」のように、分からないところを明確に伝えれば、日本人は「ゆうびんきょく」だけをはっきり繰り返してみたり、もしそれも分からないということであれば、「post office」と英語を使ったり、手紙を書いてポストに入れる様子を身振りで表したり、といった方法を取るかもしれません。

外国人も日本人も、伝え合うために、様々な工夫をしているのです。

ゆっくりはっきり大きな声で、が不快な場合も

ところが、工夫が工夫ではなくなるときがあります。例えば、言い換えた言葉が相手にとっては聞き慣れない言葉だったり、かなり日本語が分かる相手に、ゆっくりはっきり話し、その上、声が大きかったりすると、かえって相手を戸惑わせ、不快にさせることもあるのです。

また、日本人は「分かる」「聞いている」という合図として相づちをよく打ちます。そのため、相づちを打たずに静かに聞くことが良いとされる文化圏の人が、ただじっと聞いていると、日本人は「この外国人はこの話に関心がないのだろう」と誤解し、他の話題に移ってしまう、というようなこともあります。

日本人にしてみたら、気を利かせたつもりなのでしょう。しかし、異なる文化背景を持つ人々とのやり取りでは、相手と自分とが同じ価値観を持っているとは限らないということを常に頭の片隅に置き、行動する必要があります。

実は、先に述べた工夫は、外国人と日本人の間だけでなく、子供や耳の遠い年配の方を交えた会話にも見られます。また、ある分野の専門家がその分野に詳しくない人に話をす

るときも、専門用語を分かりやすい言葉に換え、具体例を挙げて説明します。日本人同士であっても、専門分野、職種、年齢、地域など、互いの背景や状況の違いに応じて、伝え合うための工夫というものを、常に自然に行っているのです。

　その自然に行っていることを、少し立ち止まり振り返ってみると、外国人とのコミュニケーションにも生かせることが見つかるはずです。また、やり取りがうまく進んだときとそうでないときを比べ、うまくいかなかったときの原因を考えてみると、よりスムーズなコミュニケーションを行うためのヒントが発見できるかもしれません。

＊庵功雄（２０１６）『やさしい日本語――多文化共生社会へ』岩波書店
＊西原鈴子（１９９９）「日本語非母語話者とのコミュニケーション―日本語教師の話はなぜ通じるのか―」『日本語学』18-7、明治書院

あとがき

　本書は2021年に刊行された前作『日本語の大疑問』の続編です。前作と同様、一般読者が日本語について感じる疑問に、国立国語研究所所員や研究所に関係の深い専門家が回答を試みたものです。

　本書でとりあげられている疑問は大変バラエティに富んでいます。日本語の音声や文法の仕組みに関するもの、社会のなかでの運用に関するもの、歴史的な変化に関するもの、日本語を母語としない学習者とのコミュニケーションの問題など多岐にわたっており、なかには、私など、これまでに考えてみたこともなかったものもあります。

　また、回答のあり方も一様ではありません。日本語学の世界で定説となっている見解を分かりやすく祖述した、いわば啓蒙的な回答がある一方で、担当者も今回はじめて分析したのだろうなと想像されるもの、いわば読者と一緒に考える姿勢のきわだった回答もあります。日本語学において古くからあつかわれてきた問題に関する疑問には啓蒙的な回答が多く、最近になって生じた問題に関する疑問には、読者と一緒に考えようとする回答が多いのは自然な傾向と言えるでしょうが、そのような傾向を超えて、多くの回答に共通している特徴もあります。それは、日本語という言語を世界諸言語のひとつとして、規範意識にしばられることなく、データに基づいて科学的に分析しようとする姿勢です。そして、この姿勢は国立国語研究所の研究活動を特徴づけるものでもあります。

1948年に創立された当時の国立国語研究所にとって、最大の課題は、現代語の研究方法を確立することでした。当時、日本語（＝国語）の研究といえば、文字に記された過去の日本語の研究であり、話しことばやマスメディアにおける現代語の研究はほとんどおこなわれていませんでした。

創設時の国立国語研究所を支えた若手研究者たちは、確率論と推計論、社会調査、フィールドワーク、テープレコーダー、カード式ソート装置（後に大型電子計算機）など、当時最新の知識と装置を動員することでこの課題に挑みましたが、その前提として必要とされたのが、規範意識からの脱却でした。「正しい」「誤った」という観点から問題を考える前に、まず眼前に広がることばの世界をあるがままに観察して記録に残し、理論的に分析することから、現代語の研究は始めなければならなかったのです。

国立国語研究所を特徴づけるこの姿勢は、しかし同時に、私どもの研究成果を社会に発信する際に苦心するところでもあります。世上にはことばの正しい使い方や美しい言葉遣いについての指南が溢れていますが、一部の方々には、私どもの研究がそうした審美論的な研究とは一線を画したものであることをなかなか理解していただけないことがあるからです。

ことばの規範意識に関する分析は本書（そして前作）の随所に顔をだしますが、それはあくまで問題の一要因として言及されているにすぎません。ことばの正しさや美しさに関する審美的判断は、国立国語研究所の活動目的ではありませんし、またそもそも近代的な日本語学や言語学の主要な研究対象であったこともありません。

私どもの研究は、これまでもこれからも、日本語という一言語がどのような構造をもっているか、母語話者および非母語話者による日本語運用の実態はどのようなものか、日本語は社会的にどのような多様性を内包しており、歴史的にどのように変化してきたかなどの問題を客観的な手法で解明することを目指しています。本書と前作は、そのことを知っていただくための好個の素材になると信じます。

さて、最後に前作出版の経緯に触れておきましょう。前作は、実を言うと、私どもが自発的に企画したものではありませんでした。幻冬舎の前田香織さんから提案された企画案に目をとおしたとき、私を含めた研究所幹部の反応は「そんな本が売れるのか？」の一言でした。まあ出してくれるというならありがたい、という程度の認識でした。

しかし、実際に出版されてみると、読者の方から思いがけない大きな反響をいただき、国立国語研究所の出版物が一部の書店で平積みにされるという前代未聞の事態も出来しました。前作がこのように多くの読者に楽しんでいただけたことは、日本語の科学的研究を肯定的に受け止めて、その成果に興味をもってくださる方がわが国の知識層に少なくないことを示しており、私どもには大変心強い発見でした。

本書もまた多くの読者に受け入れられんことを祈りつつ、あとがきを終えることにします。

前川喜久雄（国立国語研究所　所長）

執筆者紹介

有田節子（ありた・せつこ）…立命館大学 言語教育情報研究科 教授。大阪樟蔭女子大学 名誉教授。方言も含め日本語の文法を研究している。文法の教育や研究の必要性を理解してもらうのは容易ではなく、授業では、若者言葉やＪポップを題材にするなど、学生の興味を引こうとするも、空回り気味。

泉 大輔（いずみ・だいすけ）…立教大学 国際化推進機構日本語教育センター 教育講師。国立国語研究所 共同研究員。明治大学 国際日本学部 兼任講師。新しい言葉がどのように作られているのかについて研究している。特に、従来のルールから外れて作られた新語に関心がある。

市村太郎（いちむら・たろう）…京都府立大学 文学部 准教授。「大層」や「大変」、「本当に」や「誠に」などの副詞が、どのように使い分けられて現代に至るのかについて調べている。また、江戸時代の資料を中心に歴史コーパスの構築を進めている。

井上 優（いのうえ・まさる）…日本大学 文理学部 教授。専門は現代日本語の文法・意味だが、中国語話者が身近にいることから、日本語と中国語の対照研究も行っている。

岩崎拓也（いわさき・たくや）…筑波大学 人文社会系 助教。句読点の使い方（句読法）や括弧などといった符号の表記法が専門。定量的なデータを用いて符号の使用実態を明らかにしたいと考えている。

宇佐美 洋（うさみ・よう）…東京大学大学院 総合文化研究科 言語情報科学専攻 教授。言語の「正しさ」そのものでなく、「正しさ」を決める価値観の姿について、またひとが、異質な価値観も受け入れられるようになるための方法について、考察を行っている。

大江元貴（おおえ・もとき）…青山学院大学 文学部日本文学科 准教授。専門は現代日本語の文法。特に、話者の感情・態度や他者とのコミュニケーションのありように応じて揺れ動く、動的な文法現象に関心がある。

小河原義朗（おがわら・よしろう）…東北大学大学院 文学研究科 教授。大学で日本語教員養成に携わっている。専門は日本語教育学で、日本語教育方法論、教室談話、教師教育などの研究に取り組んでいる。

小椋秀樹（おぐら・ひでき）…立命館大学 文学部 教授。専門はコーパス日本語学。特に近現代の語彙・表記の研究。国立国語研究所在職時に『日本語話し言葉コーパス』（ＣＳＪ）、『現代日本語書き言葉均衡コーパス』（ＢＣＣＷＪ）の構築に従事した。

尾崎喜光（おざき・よしみつ）…ノートルダム清心女子大学 文学部 教授。１９８９年５月から２０１０年３

月まで国立国語研究所に勤務。２０１０年４月から現在までノートルダム清心女子大学に勤務。専門は、現代日本語の話し言葉の多様性を中心とする社会言語学的研究。

落合哉人（おちあい・かなと）…東京福祉大学 教育学部 助教。博士（言語学）。ことばと、ことばを伝える際の方法や道具の関係に関心を持って広く研究を進めている。また、本業の傍ら、盲ろう者に対する通訳介助活動にも従事している。

加藤 祥（かとう・さち）…目白大学 外国語学部 専任講師。語の意味や比喩表現に興味がある。『現代日本語書き言葉均衡コーパス』（ＢＣＣＷＪ）、『国語研日本語ウェブコーパス』（ＮＷＪＣ）の構築や活用に関わるプロジェクトに参加。現在もＢＣＣＷＪに様々な情報を付与している。

金田智子（かねだ・ともこ）…学習院大学 文学部 教授。専門は日本語教育、教師教育。日本語教師というのは、教室の内外でどんな役割を果たしているだろうか。どのような力が必要か。授業を分析し、養成・研修の場で様々な人とやりとりをしながら、これらの問いを自分自身に投げかけ続けている。

川端良子（かわばた・よしこ）…国立国語研究所 言語資源開発センター 特任助教。コーパスを用いて、人同士の共同的活動における言語使用の役割や規則について研究を行っている。

櫛橋比早子（くしはし・ひさこ）…日本工業大学 共通教育学群 准教授。博士（文学）。専門は副詞の研究。程度副詞の用法の比較、形容詞等他品詞から程度副詞への変化など、特に程度副詞の成立に関心がある。最近は話し方についても関心を持ち、ボイストレーニングを行っている。

佐々木藍子（ささき・あいこ）…東京工業大学 リベラルアーツ研究教育院 准教授。博士（教育学）。専門は第二言語習得、コーパス言語学。日本語学習者が日本語の文法をどのように習得していくのかを研究している。I-JAS 構築のための調査では、いろいろな国の学習者とたくさん話したことが良い思い出。

笹原宏之（ささはら・ひろゆき）…早稲田大学 社会科学総合学術院 教授。博士（文学、早稲田大学）。国立国語研究所 主任研究官等を経て現職。専門は日本語学と漢字学。常用漢字、人名用漢字、ＪＩＳ漢字、『新明解国語辞典』、教科書、『日本語学』、ＮＨＫ放送用語などの委員。漢字の歴史と最新の動向を調査する。

佐野真一郎（さの・しんいちろう）…慶應義塾大学 商学部 教授。博士（言語学）。専門分野は音声学・音韻論、社会言語学、コーパス言語学。コーパス・実験による言語理論の仮説検証、言語使用・言葉のゆれに関する定量的研究を行っている。

塩田雄大（しおだ・たけひろ）…ＮＨＫ放送文化研究所 主任研究員。放送で使う日本語の方針立案・策定に関する言語調査・研究を担当。言語学関連のトピックなら何でも関心があるのだが、最近では「で、人類が幸せに暮らすためには、日本語学・言語学は何をしたらいいんだい？」と真剣に考えたりすることが多い。

杉戸清樹（すぎと・せいじゅ）…国立国語研究所 名誉所員。国立国語研究所では１９７５年から約30年間、当時の言語行動研究部や日本語教育部門に在籍して、言語生活・敬語・言語接触などの臨地調査を担当した。音声・語など言語そのものだけでなく、これらを使う言語行動が関心の範囲にいつもあった。

田中牧郎（たなか・まきろう）…明治大学 国際日本学部 教授。専門は、日本語の歴史、日本語の語彙。国立国語研究所には、１９９６年から２０１４年まで在籍し、日本語コーパスの研究や、「外来語」や「病院の言葉」を分かりやすく言い換える研究を担当。

儲 叶明（ちょ・ようめい CHU Yeming）…国立国語研究所 プロジェクト非常勤研究員。専門は相互行為の社会言語学、言語人類学、語用論。近年では、中国語における「遊びとしての対立」に焦点をあて対人コミュニケーションを研究している。富士山登頂の経験あり。大変でした。

中澤信幸（なかざわ・のぶゆき）…山形大学 人文社会科学部 教授。博士（文学）。専門は日本語音韻史、日本漢字音研究史、中国語音韻史、台湾語学。そこからさらに、東アジアにおける漢字音の対照や、日本語教育にも関心を広げている。

新野直哉（にいの・なおや）…国立国語研究所 研究系 准教授。「誤用」と呼ばれるような近現代の新語・新用法、さらにそれが同時代の人々にどう受け止められたかという意識の問題に関心を持ち、研究を行っている。

福沢将樹（ふくざわ・まさき）…愛知県立大学 日本文化学部 国語国文学科 教授。博士（文学）。専門は日本語文法（テンス・アスペクト）、物語論など。文法研究から派生して物語論を学び、より一般的には人間のコミュニケーションとは、と節操なく関心を広げている。

前川喜久雄（まえかわ・きくお）…国立国語研究所 所長。鳥取大学講師などを経て、国立国語研究所には１９８９年から在籍。おもに音声学と言語資源について研究している。

松本 曜（まつもと・よう）…国立国語研究所 副所長、研究系 教授。専門は、意味論、および意味論と形態論、統語論、語用論、一般的認知とのインターフェイス。

南浦涼介（みなみうら・りょうすけ）…広島大学大学院 人間社会科学研究科 准教授。専門は小中高等学校の教師教育、教育学、外国人児童生徒教育学。普段は学校教育の中の言語や文化の多様性に関心を持っているが、二児の育児の中で子どものことばの獲得のふしぎや面白さもついつい分析っぽく見てしまう。

村山実和子（むらやま・みわこ）…日本女子大学 文学部 日本文学科 講師。日本語の歴史上、新たな語を造るときにどのような方策をとってきたのか、ということに関心がある。

蒙 韞（もう・ゆん MENG Yun）…新潟大学 国際センター 准教授。博士（学術、名古屋大学）。国立国語研究所 日本語教育研究領域 プロジェクトＰＤフェローなどを経て現職。２０２０年国立国語研究所第20回所長賞（若手研究者奨励賞）を受賞。外国籍社員のビジネス・コミュニケーションを研究している。

矢田 勉（やだ・つとむ）…東京大学大学院 総合文化研究科 言語情報科学専攻 教授。専門は国語文字史・表記史。漢字・漢文を自分のものにする一方で、片仮名と平仮名という新たな文字を生んだ、世界にも例のない複雑さを持った日本の文字の歴史を、総合的に研究している。

山田貞雄（やまだ・さだお）…伝統的な日本語学（旧国語学）を勉強したのち、旧図書館情報大学では、写本と版本の二種によって『竹取物語』を読みとく授業や、留学生のための日本語・日本事情を担当。その後、国立国語研究所では、「ことば（国語・日本語・言語）」に関する質問に回答してきた。

初出一覧

以下に記載のない項目の初出は国立国語研究所のサイト
「ことばの疑問」(https://kotobaken.jp/qa/)。

●『新「ことば」シリーズ14　言葉に関する問答集―よくある「ことば」の質問―』(２００１、国立国語研究所)
・「やゝ」「人々」の「ゝ」「々」は何と読むのですか
・「ムショ帰り」の「ムショ」は「刑務所」の略ではないというのは本当ですか
・「いちかばちか」は「一か罰か」と書く説もあるのですか
・船の名前はどうして「丸」が多いのですか

●『新「ことば」シリーズ15　日本語を外から眺める』(２００２、国立国語研究所)
・日本語の「いいです」は承諾ですか、断りですか

●『新「ことば」シリーズ16　ことばの地域差―方言は今―』(２００３、国立国語研究所)
・「家事」と「火事」の発音を区別する地方があるって本当ですか

・はっきりと言う／遠回しに言うといった、地域による話し方の違いはありますか
・東北では「山に行く」を「山サ行く」と言うと聞いたので、「いい天気になった」を「いい天気サなった」と言ったら、この場合は「ニ」だと言われたのですが
・言葉の地域差は、いつごろから意識されていたのでしょうか

●『新「ことば」シリーズ17　言葉の「正しさ」とは何か』（2004、国立国語研究所）

・日本語を平たく言うアクセントが気になります。誤りではないでしょうか
・「故障中」という言い方は文法的に間違っているのでしょうか
・社外の人に対し上司を呼び捨てにするのは違和感があるのですが
・辞書に載っていない漢字は間違ったものなのでしょうか
・「稲妻」は「いなずま」ではなく「いなづま」ではないでしょうか
・外国人学習者にも「ら抜き言葉」を教えた方がいいのでしょうか

●『新「ことば」シリーズ18　伝え合いの言葉』（2005、国立国語研究所）

・まだ日本語が上手ではない留学生とコミュニケーションを取るコツを教えてください

編者略歴

昭和二十三（一九四八）年に、日本人の言語生活を豊かにする目的で誕生した、
日本の「ことば」の総合研究機関。
ことばの専門家が集まり、言語にまつわる基礎的研究および応用研究を行う。
平成二十一（二〇〇九）年十月に
大学共同利用機関法人 人間文化研究機構 国立国語研究所となり、
大学に属する研究者とともに大型の共同研究・共同調査を行うなど、
さらに活発な活動を展開。略称は国語研、NINJAL。

国語研の活動に関してはホームページをご覧ください。
https://www.ninjal.ac.jp/

国語研の沿革・歴史　https://www.ninjal.ac.jp/info/aboutus/history/
写真で見る国立国語研究所の歴史　https://www2.ninjal.ac.jp/photo/
ことば研究館　https://kotobaken.jp/info/

幻冬舎新書 716

日本語の大疑問2

二〇二四年一月三十日 第一刷発行

編者 国立国語研究所
発行人 見城 徹
編集人 小木田順子
編集者 前田香織
発行所 株式会社 幻冬舎
〒一五一-〇〇五一 東京都渋谷区千駄ヶ谷四-九-七
電話 〇三-五四一一-六二一一(編集)
〇三-五四一一-六二二二(営業)
公式HP https://www.gentosha.co.jp/
ブックデザイン 鈴木成一デザイン室
印刷・製本所 株式会社 光邦

日本音楽著作権協会(出)許諾第2307858-301

検印廃止

Printed in Japan ISBN978-4-344-98718-0 C0295
こ-26-2

*この本に関するご意見・ご感想は、左記アンケートフォームからお寄せください。
https://www.gentosha.co.jp/e/

幻冬舎新書

国立国語研究所編

日本語の大疑問
眠れなくなるほど面白いことばの世界

漢字はいつから日本にあるのか？　シミュレーションを「シュミレーション」とつい言ってしまうのはなぜ？　ことばの専門家集団が国民の疑問に全力回答！　日本語の教養をアップデートする一冊。

山口仲美

日本語が消滅する

日本語の消滅という問題について明快な解答を与えつつ、日本語の面白さ・底力を楽しく解説。読後は、日本語に自信と誇りを持ち、次世代にしっかりと日本語を伝える気持ちがみなぎってくる！

齋藤孝

大人の読解力を鍛える

情報が複雑に飛び交う現代こそ、言葉を、言葉の集合体としての情報を、正確に読み解く力が不可欠だ。具体的なテキストを挙げながらコミュニケーションスキル向上を目指す、社会人必読の一冊。

樋口裕一

「頭がいい」の正体は読解力

物事を正確に読み取り理解する力＝読解力を、言葉を使い、文章を書き、例文の要点をつかむという3ステップで鍛える。飛ばし読みや資料の要約、会話やＳＮＳでも役立つビジネス必須スキル！